Karl Schneider

Studien über Talbildung aus der Vordereifel

Karl Schneider

Studien über Talbildung aus der Vordereifel

ISBN/EAN: 9783743694316

Hergestellt in Europa, USA, Kanada, Australien, Japan

Cover: Foto ©ninafisch / pixelio.de

Weitere Bücher finden Sie auf **www.hansebooks.com**

Studien über Thalbildung
aus der Vordereifel.

Inaugural-Dissertation

zur

Erlangung der Doktorwürde

bei der

philosophischen Fakultät der Rheinischen Friedrich-Wilhelms-Universität

zu Bonn

eingereicht und mit den beigefügten Thesen vertheidigt

am 19. Februar 1883 mittags 12 Uhr

von

Karl Schneider
aus Berlin.

Opponenten:

Ad. Sohenok, cand. rer. nat.
Johann Böhm, „   „   „
Eugen Sohuls, „   „ mont.

Berlin,
Druck von W. Pormetter.
1883.

Wer die Eifel durchwandert, wird nicht versäumen, das Belvedere von Manderscheid zu besuchen; denn die Aussicht, welche sich dort darbietet, ist in der That eine lohnende. Bis zur Mosel hin sieht man eine weite ebene Hochfläche, allein von der imposanten Gruppe des Mosenberges überragt, dessen vier Krater sich wie ein Gebirge über dem Gebirge in einheitlicher Kette aus ihrer Umgebung erheben. Dicht vor dem Beschauer durchschneidet ein tiefes Thal das Plateau, und mehrere hundert Fuss unter ihm rauscht zwischen schroffen Felsen der Lieserbach zur Mosel hin. Bald tritt er dicht an den Rand seines Thales, so dass ein ungebrochener steiler Abhang von der Hochfläche zur Tiefe führt, bald wieder weicht er weit zurück und lässt Raum für einen zackigen Felsen frei, welcher quer gegen das Thal vorspringt. Wie Klammern greifen die Zacken in einander und verleihen dem Thale ein eigenartiges und malerisches Aussehen. Auf zweien der trotzigsten Felsen ragen die Ruinen von Ober- und Niedermanderscheid empor; beide stehen zwar wenige hundert Fuss von einander entfernt, aber nur durch mühsames Klettern kann man von der einen zur andern gelangen, da der Bach sie trennt. Die verfallenen und altersgrauen Burgen bilden einen passenden Abschluss der rauhen Landschaft.

Im kleinen giebt diese Aussicht ein Bild der ganzen Eifel. Auch sie erscheint als ein gleichförmiges Plateau, welches von einzelnen Vulkanen oder Vulkangruppen überragt und durch tiefe und unwegsame Thäler gegliedert wird. Daher bieten sich dem Geographen, wenn er zu einem Verständnisse dieses Landes gelangen will, wesentlich drei Aufgaben dar, deren jede für sich einer Lösung bedarf. Er hat nach einander die Masse des Plateaus, die eruptiven Gebilde und die Thäler zu betrachten und kann erst dann eine Gesamtdarstellung der Eifel geben.

Am frühesten haben die vulkanischen Bildungen die Aufmerksamkeit auf sich gezogen. Schon Leopold von Buch[*] wies

---

[*] Brief an Steininger 1820, abgedruckt in Steininger: Geognost. Beschreibung der Eifel. 1853.

darauf hin, welche Bedeutung ihre Erforschung für die Erkenntnis der vulkanischen Erscheinungen überhaupt gewinnen würde. Seit jener Zeit wurde durch Steininger, Stengel, Nöggerath*) u. a. unsere Kenntnis der Eifel zwar bedeutend erweitert, aber eine erschöpfendere Darstellung ihrer vulkanischen Gebilde konnte erst an der Hand genauer geognostischer Karten gegeben werden. Daher liess Steininger zugleich mit seiner letzten Arbeit über die Eifel**) die erste geognostische Karte des Landes erscheinen. Bei dem gänzlichen Mangel an Vorarbeiten ist es erklärlich, dass sie den heutigen Ansprüchen nicht mehr genügt.

Schon vorher war ein wichtiges Grenzgebiet der Eifel, dasjenige des Laacher Sees, von C. v. Oeynhausen aufgenommen worden. Er gab als Ergebnis seiner Arbeiten eine „geognostisch-geographische Karte des Laacher Sees und seiner Umgebung" in acht Blättern heraus. Sie ist von Erläuterungen des Verfassers begleitet, bereits 1847 erschienen und giebt die Plastik des Landes in einer hier noch nicht übertroffenen Weise wieder.

Es folgten die umfassenden und bewunderungswerten Aufnahmen von Dechen's. Von seiner Karte von Rheinland-Westphalen gehören die Sectionen: Mayen, Coblenz, Bernkastel, Malmedy und Neuerburg hierher. Als Erläuterungen können die „Geognostische Beschreibung der Vulkanreihe der Vordereifel"***), die „Geognostische Beschreibung des Laacher Sees und seiner vulkanischen Umgebung"†) und die „Vergleichende Übersicht der vulkanischen Erscheinungen im Laacher Seegebiet und in der Eifel"††) benützt werden. Endlich ist die Schrift Mitscherlich's „Über die vulkanischen Erscheinungen in der Eifel" zu nennen, die 1866 nach dem Tode des Verfassers von J. Roth herausgegeben wurde†††). Die ihr beigefügte Karte, welche „unter wissenschaftlicher Beihilfe" von Dechen's angefertigt worden ist, ist die einzige, auf der Höhencurven eingetragen sind. Die topographische Karte, welche der Generalstab (1859) veröffentlicht hat und diejenige Liebenow's lassen solche vermissen.

Gleichzeitig und unabhängig von diesen Forschungen bemühte man sich, über den Aufbau der sedimentären Gesteine Klarheit zu gewinnen. In dieser Beziehung konnte die Eifel nicht von dem gesamten Rheinischen Schiefergebirge abgetrennt werden.

---

*) Die Titel aller einzelnen Arbeiten findet man in von Dechen's Geolog. und mineral. Litteratur der Rheinprovinz und Westphalens. Bonn 1872.
**) a. a. O.
***) Zeitschrift des naturhistorischen Vereins für Rheinland-Westphalen. 1861.
†) Ibid. 1863.
††) Zeitschrift der deutschen geolog. Gesellschaft Bd. XVII, 1865 S. 69 ff.
†††) Abhandlungen der physikalischen Klasse der K. Akademie der Wissenschaften zu Berlin für 1865.

Daher haben alle Arbeiten, welche sich mit dem rheinischen Devon
überhaupt beschäftigen, auch für die Eifel Ergebnisse geliefert.
Eine ausführliche Übersicht und Würdigung derselben findet man
in E. Kaysers „Studien aus dem rheinischen Devon". In dieser
Schrift, in deren zweitem Teile*) sich der Verfasser speciell mit
der Eifel beschäftigt, sind ihre devonischen Gesteine am ein-
gehendsten behandelt worden, wenn man von Monographien einzelner Teile absieht. Die hierher gehörigen Schriften beschränken
sich im wesentlichen darauf, eine Gliederung des Devons der Eifel,
zumeist mit Hilfe paläontologischer Merkmale durchzuführen**).
Auch über den Aufbau des Plateaus aus zahlreichen und steilen
Falten sind wertvolle Aufklärungen gegeben worden. Was hin-
gegen die mechanischen Ursachen der letzteren, so wie die Ursache der ebenen Oberflächenbeschaffenheit des Faltengebirges
betrifft, so scheint diese in geringerem Grade den Gegenstand der
Betrachtung gebildet zu haben. Soweit mir die für ein voll-
ständiges Studium fast zu umfassende Litteratur bekannt geworden
ist, sind wir hinsichtlich der genetischen Beziehungen der Faltung
auf die Andeutungen, welche E. Suess in seiner Arbeit über die
Entstehung der Alpen macht, angewiesen***). Über die Ursache

---

*) Zeitschrift der deutschen geol. Ges. Bd. 23. 1871. S. 290—300.
**) In dieser Hinsicht sind Dumont's Arbeiten in Belgien durchgreifend
gewesen.
***) Wohl in wenigen Gebieten war indessen der Erkenntnis dieser Be-
ziehungen in so vorzüglicher Weise vorgearbeitet worden, wie in dem Gebiete
am Nordrande des Schiefergebirges in der durch die Linie Aachen-Lüttich
bezeichneten Zone. Dumont erkannte die Reihenfolge der Schichten, Gosselet
begründete seine Einteilung paläontologisch. Nach ihnen war das hohe Venn
und seine Fortsetzung in Belgien das Centrum eines grossen Sattels, dessen
einzelne Teile eingehender gefaltet waren. Wie weit diese Einzelfaltung geht,
kann man in v. Dechens: „Orographisch-geognostischer Übersicht des Reg.-
Bezirkes Aachen" (Aachen 1866) studiren, wo auf S. 140—143 allein in dem
wenig ausgedehnten Wormreviere des Steinkohlengebietes 20 Sättel und 21 Mulden
nachgewiesen werden, eine Angabe, die in Wagners Beschreibung des Berg-
revieres Aachen (Bonn 1881) bestätigt wird. Von Dechen betont auf S. 56
die Zusammengehörigkeit der Schichten von den metamorphischen Schiefern des
Venn aufwärts bis zur Kohlenformation in Bezug auf die Faltung und Gebirgsbildung; auch weist er durch genaue Detailstudien nach, dass die Schichten
häufig überkippt sind und zwar so, dass die widersinnige Neigung gegen Süd
gerichtet ist. (a. a. O. S. 57.) Beissel nimmt in der Festschrift zur 16. Haupt-
versammlung des Vereines deutscher Ingenieure (betitelt: Aachen, seine geolog.
Verhältnisse und Thermalquellen etc. Aachen 1875) an, dass das alte Gebirge
von SO. her zusammengeschoben wurde und dass ausserdem noch Schollen-
bewegungen entlang grosser Sprünge und Falten in der Weise stattfanden, dass
die einzelnen Gebirgsstücke sowohl vertikal als auch horizontal gegen einander
verschoben wurden (S. 23, 24.). Dewalque kam auf Grund seiner Studien in
Belgien zu der Ansicht, dass das alte Gebirge, bevor es die grosse Zusammen-
pressung erlitt, schon vorher mehrfache Faltungen zu verschiedenen Zeiten

der ebenen Gestalt der Oberfläche hat Freiherr von Richthofen in dem zweiten Bande seines Werkes über China eine Ansicht ausgesprochen, welche den Thatsachen zu entsprechen scheint. Die jüngeren Sedimentbildungen treten in der Eifel neben den devonischen zurück. Nur die Trias und das Rotliegende nehmen noch daran Teil; als Oberflächengebilde bedecken sie einen nicht geringen Raum. Im nördlichen Teile des Gebietes sind sie in von Dechen's Orogr.-geogn. Übersicht des Regierungs-Bezirks Aachen (Aachen 1866) behandelt worden; für den südlichen Teil ist die Arbeit Grebe's: „Über das Ober-Rotliegende, die Trias, das Tertiär und Diluvium in der Trierschen Gegend"*) von grosser Bedeutung, zumal da ihr, wenn auch in kleinerem Maasstabe, eine Karte beigegeben ist. In derselben Arbeit erhält man auch Auskunft darüber, wie weit tertiäre und diluviale Ablagerungen an dem Aufbau der Eifel sich beteiligen.

Das dritte Glied in der Reihe von Erscheinungen, die den Charakter der Eifel bestimmen, bilden die Thäler. Über die eigenartige Entwickelung, welche sie häufig erlangt haben, sowie über ihr Alter findet man in den Schriften von Dechen's und Mitscherlich's zahlreiche und wichtige Angaben, aber in der neueren Zeit ist eine zusammenstellende Arbeit nicht versucht worden. Es ist nun in den letzten Jahrzehnten viel über die Frage der Thalbildung überhaupt verhandelt, und es sind die Ansichten über sie dadurch wesentlich geläutert worden. Es erscheint der Mühe wert, auf dieser Grundlage auch der Betrachtung der Thäler der Eifel näher zu treten. Das Folgende soll ein Versuch sein, zur Lösung dieser Aufgabe beizutragen.

Die Ansichten über Thalbildung sind auch heute noch sehr verschiedene, je nach dem Gebiete, dessen Thäler einer Untersuchung unterworfen wurden. Es giebt kaum eine Klasse von Thälern, in Bezug auf welche allgemein dieselbe Entstehungsart

---

erfahren hatte (vergl. s. Prodrome d'une déscr. géolog. de la Belgique. 2. Aufl. Bruxelles 1850. Chap. 7. S. 119ff.). Es ist ferner interessant, dass schon 1846 Baur (vergl. Karsten's und von Dechen's Archiv Bd. 20) in diesem Gebiete zu einer richtigen Erklärung der falschen Schieferung geführt wurde, welche auch v. Dechen auf S. 71 seines oben angeführten Werkes mitteilt. Dieselbe entstand nach ihm gleichzeitig mit der Mulden- und Sattelbildung durch Druck (a. a. O. 399. 400). Die Richtung desselben wurde häufig durch lokale Bedingungen modifizirt. Allzugrosse Abweichungen führten zu Zerreissungen und Verwerfungen.

*) Jahrbuch der Königlich preussischen geologischen Landesanstalt und Bergakademie zu Berlin für das Jahr 1881. Berlin 1882. Es empfiehlt sich auch, die Sectionen der geolog. Karte, welche das Saargebiet darstellen, heranzuziehen, nicht nur weil der Verf. mehrfach darauf Bezug nimmt, sondern auch weil sie ein richtiges Verständnis der Trias, auch für die Eifel angebahnt haben.

angenommen wird. Unter den Längsthälern ist es bei den eigentlichen Muldenthälern der Fall. Die iso- und antiklinalen Thäler werden bisweilen durch Aufspaltung des Gebirges erklärt*).

Am meisten widerstreiten sich die Ansichten in Bezug auf die Querthäler. Im wesentlichen stehen sich hier zwei Lehren gegenüber; nach der einen sind unsere Querthäler mehr oder weniger allgemein Brüche und Spalten der Erdrinde, welche vom Wasser benutzt und in verschiedenem Grade verändert und entstellt wurden. Peschel**) hat den Versuch gemacht, diese Erklärung für Thäler aller Weltgegenden anzuwenden. Von Sonklar, Desor***) und zum Teil auch Studer†) gelangten bei der Durchforschung der Alpen zu der gleichen Ansicht, ebenso Kjerulf††) in Norwegen.

Von ganz anderer Grundlage ausgehend, kam Daubrée zu Ansichten, welche jenen nahe stehen. In seinem Werke „Synthetische Studien zur Experimentalgeologie" (Braunschweig 1880. S. 271. 274—285) lässt er sich ausführlich darüber aus, welchen Einfluss Verwerfungen (Para-) und Klüfte (Diaklase) auf die Anlage der Thäler ausgeübt haben. Über den Einfluss anderer Absonderungen giebt Daubrée keine Auskunft; dass er sie nicht unter jenen einbegriffen wissen will, wird ausdrücklich in dem Aufsatze: „Essai d'une classification des cassures des divers ordres, que présente l'écorce terrestre"†††) hervorgehoben.

Endlich darf auch Naumann hier genannt werden. Er sagt in seinem Lehrbuche der Geognosie (Leipzig 1850, I. S. 406): „Die meisten Längsthäler der Gebirge sind wohl als Erhebungsthäler, die meisten Querthäler aber als Spaltenthäler zu betrachten."

Wenn diese Forscher der Erosion des fliessenden Wassers nur eine Nebenrolle bei dem Vorgange der Thalbildung zuerkennen, so bemühen sich andere zu beweisen, dass diese allein genügen könne, um alle beobachteten Thalformen und insbesondere

---

*) v. Sonklar: Allgemeine Orographie. Wien 1873. S. 245. Desor: Gebirgsbau der Alpen. Wiesbaden. 1865 S. 73. Seine Einteilung ist auch in Vogts Lehrbuch der Geologie und Paläontologie. Braunschweig 1879. I. 112—116, wiedergegeben.
**) Peschel: Neue Probleme der vergleichenden Erdkunde. 1876. S. 150—164 „Die Thalbildungen".
***) Desor stellt alle Querthäler mit Ausnahme der engen Roflas zu den Spaltenthälern. A. a. O. S. 71 ff.
†) Studer: Physikalische Geographie und Geologie 1844. Bd. II. 234—235.
††) Kjerulf: See und Thalbildung, vier Beispiele aus Norwegen. Verh. des Ver. f. Erdkunde in Halle 1882. — Ein Stück Geographie in Norwegen. Zeitschrift der Ges. f. Erdk. in Berlin 1879. — Im Auszuge auch in s. „Geologie des südl. Norwegens". — Kjerulf will in seinem Heimatlande alle Gebirgsthäler auf Spalten und Verwerfungen zurückführen.
†††) Bulletin de la Société géologique de France. 3. Série. Tome X. Feuilles 9—13 a u. b. April 1882.

diejenigen der Querthäler, um welche es sich in dem Streite wesentlich handelt, zu erklären. Die Mitwirkung fremder Kräfte sei zwar nicht von vornherein ausgeschlossen, aber nur in wenigen Fällen erforderlich. Das Mass, in welchem sie herangezogen oder zugelassen wird, ist bei verschiedenen Autoren verschieden. Diese Lehre erhielt ebenfalls auf verschiedenen Gebieten ihre Ausbildung. In der Schweiz und den Alpen sind Heim*), Supan**), Löwl***), Surell****) und besonders Rütimeyer†) ihre Vertreter. Die Arbeiten in der Schweiz hat Kollbrunner ausfürlich zusammengestellt††); in England wird sie durch Ramsay†††) verteidigt; in Nordamerika treten neben Dana††††) namentlich Gilbert*†) und Powell**†) hervor. Ausschliesslich die Bildung von Querthälern hat Tietze***†) behandelt, indem er sein Material vorzugsweise dem Alburs und den Karpathen entnahm.

Der Streit über die Rolle des fliessenden Wassers bei der Bildung der Thäler hatte ein eingehendes Studium der Erscheinungen zur Folge, welche bei der Thalbildung in Betracht kommen. Sorgfältig wurde geprüft, welche Bildungen die erodirende Kraft herbeiführen könne, und wie sie unter bestimmten Umständen beeinflusst werde. Ob und wie weit die gewonnenen Ergebnisse stichhaltig sind, wird sich dann zeigen, wenn sie auf andere Gebiete angewandt werden, als auf diejenigen, in welchen sie gewonnen wurden. Das Gebiet des rheinischen Schiefergebirges dürfte sich zu derartigen Untersuchungen eignen. Es ist an seiner Oberfläche so flach, dass sich sogar jedem Laien die Überzeugung aufdrängt, die Gewässer hätten sich hier selbst ihr tiefes Bett gegraben. — Im Verlaufe der Betrachtung wird man sehen, dass

---

*) Heim: Untersuchungen über den Mechanismus der Gebirgsbildung. 1879. Bd. I. Kap. V C. — Heim: Über die Erosion im Gebiete der Reuss. Jahrbuch des schweizer Alpenclubs. 1879.
**) Supan: Studien über die Thalbildungen des östlichen Graubündtens. 1877.
***) Löwl: Über den Terrassenbau der Alpenthäler. Petermanns Mittheilungen. 1882. IV. — Löwl: Die Entstehung der Durchbruchsthäler. Ibid. 1882. XI.
****) Surell et Chézanne: Etude sur les torrents des Hautes Alpes. 1870—72.
†) Rütimeyer: Über Thal- und Seebildung. 2. Aufl. 1874.
††) Kollbrunner: Zur Morphologie der Thalbildungen und Flusssysteme. I. Programm der Thurgauischen Cantonsschule zu Frauenfeld für 1876/77.
†††) Ramsay: Physikal geology and geography of Great Britain. und The physical history of the valley of the Rhine. The quaterly Journal of the geol. society of London. 1874. 3.
††††) Dana: Manual of geology. 1863. S. 632—644.
*†) Gilbert: Report of the geology of the Henry Mountains. V. 1877.
**†) Powell: Exploration of the Colorado river of the West and its tributaries explored in 1869—72. 1875.
***†) Tietze: Einige Bemerkungen über die Bildung von Querthälern. Zeitschrift d. K. K. geolog. Reichsanstalt. 1878.

diese Voraussetzung eine richtige ist, wie es übrigens für einzelne Fälle schon von Dechen*) nachgewiesen, allgemeiner C. F. Römer**) und Mitscherlich***) ausgesprochen haben. — Andrerseits sind die devonischen Schichten, aus welchen das Plateau besteht, stark gefaltet, vielfach durchklüftet und von falscher Schieferung durchsetzt, so dass man für das Studium der Thäler im rheinischen Schiefergebirge den Vorzug hat, die Beschaffenheit des Landes vor ihrer Entstehung zu kennen, während sie doch unter ähnlichen Bedingungen sich ausbildeten, wie die Thäler des Hochgebirges. Die Eifel zeichnet sich vor den anderen Teilen des Schiefergebirges durch ihre vulkanischen Bildungen aus.

Was zunächst die Grenzen der Eifel angeht, so giebt Kayser†) im Nord-West das hohe Venn, im Norden den Busen von Bonn, im Nord-Ost und Süd-Ost den Rhein und die Mosel und im Südwest die Our, einen Zufluss der Sauer, als solche an††). Die Entwässerung dieses Gebietes findet nach drei Seiten hin statt: nach Nord fliesst die Roer mit der Urft zur Maass, die Erft zum Rheine, nach Osten die Ahr, die Brohl, der Vinxtbach und die Nette zum Rheine; alle anderen Flüsse fliessen südwärts zur Mosel. Es ist bemerkenswert, dass in diesem Gebiete nach West geöffnete Thäler vollständig fehlen††), während das einzige vortriassische Thal, dessen Spuren wir noch erkennen können, nach West gerichtet war.

An dem geologischen Baue des Landes beteiligen sich in erster Reihe Quarzite, Grauwacken und Schiefer des Unterdevons, welche so häufig und unregelmässig mit einander wechseln, dass es trotz ihrer verschiedenen petrographischen Ausbildung schwer wird, ihren Aufbau zu verfolgen. Mit Hinzuziehung der spärlichen organischen Reste versuchte Steininger, zum Teil auf Dumont's Arbeiten im N.-W. fussend, nachzuweisen, dass an den

---

*) v. Dechen: Über einen Lavastrom im Nettethal. Verhandlungen des naturh. Ver. f. Rheinl.-Westph. 1844. p. 69.
**) C. F. Römer: Das rheinische Übergangsgebirge. 1844. S. 4.
***) Mitscherlich: Über die vulkan. Erscheinungen in der Eifel. 1866. S. 7.
†) E. Kayser: Studien etc. S. 300.
††) Es ist freilich üblich, auch noch das hohe Venn selbst und das Gebirge bis zum Flachlande von Köln-Aachen der Eifel zuzurechnen; Kayser hatte diese Gebiete vorher gesondert betrachtet, und es spricht auch manches dafür, die Bezeichnung Eifel nicht über die metamorphischen Schiefer hinaus auszudehnen.
†††) Erst im Gebiete der metamorphischen Schiefer zeigen Amel und Warche eine westl. Richtung, beide verlieren aber noch innerhalb des Gebirges dieselbe, indem sie sich mit der nordwärts gerichteten Emblève und diese wieder, nachdem sie ihre Richtung verloren hat, mit der Ourthe vereinigen. Erst am Nordrande des hohen Venns behält die Weser eine westl. Richtung bis zum Austritt in die Ebene bei.

Rändern der Eifel, wenn man sie nur bis zum hohen Venn hin rechnet, die ältesten, in der Mitte die jüngsten Bildungen vorhanden sind; eine Annahme, welche von Kayser bestätigt worden ist. Das Bild des Landes als Mulde tritt besonders schön auf Dewalque's Karte von Belgien hervor. Man hat danach das bezeichnete Gebiet als eine grosse Mulde aufzufassen, deren Flügel ihrerseits wieder gefaltet sind und den häufig hervortretenden Wechsel von Sattel und Mulde zustande kommen liessen. Das Streichen der meist steilen Falten verläuft von Nord-Ost nach Süd-West, der Grad der Faltung ist ein verschiedener, doch sind meist steile Fallwinkel und nicht selten senkrechte Schichten zu beobachten.

Über das Vorkommen von Verwerfungen sagt Kayser: „Dislocationen scheinen in Menge vorzukommen; im Grauwackengebirge sind sie schwer zu erkennen, leichter im Kalk". In der That habe ich auch nur wenige und kleine Verwerfungen aufgefunden, während Eug. Schulz beim Studium der Hillesheimer Mulde fand, dass die Grenze des Kalks gegen den Schiefer fast durchweg von solchen begleitet ist. Dass die unterdevonischen Schichten vielfach zerklüftet sind, wurde bereits erwähnt.

Die mitteldevonischen Kalke sind weit weniger verbreitet, als das Unterdevon, welchem sie in einer Reihe paralleler Mulden eingelagert sind, ohne aber ebenso starke Fallwinkel zu bilden. Der petrographischen Beschaffenheit nach sind die Kalke gewöhnlich unrein, merglig und wenig fest. Die Stringocephalenstufe ist meist dolomitisiert und wird durch ein hartes, löchriges Gestein mit undeutlicher Schichtung vertreten. Oberdevonische Ablagerungen kommen nur bei Büdesheim in überkippter Lagerung vor. Einen Einfluss auf den Charakter des Landes besitzen sie nicht.

Obwohl sie aufgerichtet sind, schneiden alle devonischen Schichten an einer ebenen Oberfläche ab. Im Zusammenhange mit dieser auffälligen Erscheinung muss das Auftreten des bunten Sandsteines betrachtet werden, von dem Steininger[*]) schon 1819 erkannte, dass er aus den Resten der alten Schiefer und Grauwacken gebildet ist, ein Ergebnis, das einer erneuten genauen Untersuchung wert ist. In dem zweiten Bande seines Werkes über China hat Freiherr von Richthofen ähnliche Erscheinungen mitgeteilt, welche ihn zu einer am Ende des Bandes besonders ausgeführten Theorie führten. Er setzt dort auseinander, dass nur ein vordringendes Meer im Stande ist, ein grösseres unebenes Gebiet abzuschleifen, so dass es später als ebene, mehr oder weniger sanft aufsteigende Fläche erscheint; nur unter besonderen,

---
*) Steininger: Geognostische Studien am Mittelrhein. 1819. S. 165.

noch nicht genau bestimmbaren Bedingungen, werden die Trümmer der abgetragenen Felsen weit entfernt werden; gewöhnlich als jüngeres Trümmergestein diskordant auf das zerstörte aufgelagert, geben grade sie den besten Anhalt für die Richtigkeit der Theorie im bestimmten Falle. Für die Eifel ist diese Erklärung des Plateaucharakters, wie die Beschaffenheit des Buntsandsteins zeigt, vollkommen anwendbar, und in der That hat Freiherr von Richthofen selbst das Rheinische Schiefergebirge als Beispiel eines abradirten Landes angeführt.

Wenn das Meer gegen ein Gebirgsland andringt, wird es seinen Weg in das Innere zunächst in den vorhandenen Thälern verfolgen. Wie an der Küste selbst, wird hier die Brandung zerstörend einwirken und eine Erweiterung des Thales herbeiführen, bis dieses, wenn das Meer höher gestiegen ist, der Wirkung von Ebbe und Flut entzogen wird. Wenn im Fortgange dieses Prozesses, indem immer höhere Teile des Thales bespült werden, das Niveau erreicht ist, bis zu welchem das ganze Gebiet abgetragen wird, hat das Thal, welche Form es auch vorher immer besass, die Gestalt eines flachen Beckens angenommen, welches von den diskordant und mit unregelmässiger Schichtung abgelagerten Trümmern des abgetragenen Gesteines erfüllt ist; denn jeder Teil des Thales ist, sobald er einer Erweiterung nicht mehr unterlag, ausgefüllt worden, indem wechselnde Flutströmungen ihm von allen Seiten die losgetrennten Gesteinstrümmer zuführten. Diese können sich, wenn sie einmal in das ruhige Wasser hinabgesunken sind, ungestört zu einem Konglomerate verfestigen. Gegen die Mitte des Beckens hin wird dasselbe feineren Gebilden Platz machen, da ihm, je weiter sich das Wirkungsgebiet der Brandung entfernt, desto kleinere Teile zugeführt werden.

Wenn diese Erwägungen richtige sind, so kann das Vorhandensein einer von devonischen Trümmermassen ausgefüllten Mulde in der Eifel wiederum eine Bestätigung der Annahme abgeben, dass ein vordringendes Meer das devonische Gebirge abgetragen habe. Eine solche ist nun verhanden und giebt zugleich darüber Auskunft, wann die Abrasion des Landes stattgefunden hat. Wer die Sektion Bernkastel der Dechenschen Karte der Rheinprovinz betrachtet, sieht sofort, dass sich von der Hauptmasse des Buntsandsteins bei Dreis und Salmrohr eine Zunge nach Ost-Nord-Ost abzweigt, welche immer enger werdend, bis in die Nähe von Bengel fortsetzt. An ihrer Grenze ist viermal Rotliegendes eingetragen worden, so dass bereits auf der Karte das Bild einer Mulde erkennbar hervortritt. Seitdem hat Grebe in der oben citirten Arbeit gezeigt, dass die ganze Mulde dem oberen Rotliegenden angehört. Deutet schon der Muldencharakter dieser Zunge darauf hin, dass hier zur Zeit des Rotliegenden ein in ein älteres Thal vorgedrungenes Meer einen Golf bildete, so findet diese Ansicht bei genauerer Untersuchung ihre Bestätigung. Der Weg vom Kondelwald zwischen Bertrich und Bengel zum Alfbache und darüber hinaus giebt darüber genügenden Aufschluss. Auf der Höhe des Kondelwaldes finden wir zunächst den harten Quarzit, von welchem Follmann berichtet, dass er sich 25 km weit von Alf bis Wittlich verfolgen lasse. Ein dünnblättriger grauer Dachschiefer lagert sich bald daran und geht nach einiger Zeit seinerseits in ein eisenreiches, wie Tannenborke zerbröckelndes Schiefergestein über. Eine kurze Strecke weiterhin verschwindet dieses unter einem Trümmergebilde, dessen einzelne, an Grösse geringe Bruchstücke ihm selbst entstammen. An Mächtigkeit rasch zunehmend zeigt das letztere bisweilen eine undeutliche Schichtung mit stark wechselndem Streichen. Kleine Einmengungen, welche den Charakter eines aus eruptivem Gesteine gebildeten Tuffes tragen, sowie Schichten eines harten weissen Porphyrkonglomerats und ähnliche Bildungen, welche darin auftreten, sind für die auf der Dechenschen Karte als Rotliegendes eingetragenen Stellen bezeichnend. Folgt man dem Füllersbache, welcher sich bei Bengel in die Alf ergiesst, so kann man sehen, dass das Konglomerat sich allmälig verfestigt, und dass seine einzelnen Körner abwärts an Grösse abnehmen, endlich geht es durch das Zwischenstadium eines schiefrigen und thonreichen Sandsteines in der Nähe von Bengel in ein dem gewöhnlichen bunten Sandstein ähnliches Gestein über. Jenseits der Alf kann man, wenn auch weniger leicht, den umgekehrten Entwicklungsgang der Gesteine verfolgen. Die auf der Karte bei Hetzhof und Springiersbach als Rotliegendes ausgezeichneten Bildungen sind den beschriebenen durchaus analog.

Das Vorhandensein und die Beschaffenheit dieses vortriassischen Thales giebt einen Anhalt für die Annahme einer Abhoblung des Landes durch ein Meer ab und damit zugleich einen Fingerzeig für die Art, wie wir uns die Beschaffenheit seiner Oberfläche vor Entstehung der jetzigen Thäler vorzustellen haben. Denn, wenn eine Abrasion des Landes stattgefunden hat, darf man schliessen, dass seine Oberfläche, nachdem ein Meer die Erhöhungen abgetragen und die Vertiefungen ausgefüllt hatte, eine im wesentlichen gleichmässige und ebene, aber doch durch flach gerundete Höhenzüge härterer Gesteinszonen unterbrochene Oberflächengestalt besass. Von Richthofen weist darauf hin, dass bei einer Abrasion leicht der Fall eintreten könne, dass ein härteres Gestein dem Meere einen bedeutenden Widerstand entgegenstelle, während die benachbarten rascher seinen Angriffen erlägen. Er zeigt, dass dann das härtere Gebilde umgangen werden und als Insel aus der umgebenden See hervorragen werde. In diesem Zustande von allen Seiten durch die andringenden Wellen benagt, wird es allmälig die Gestalt einer flachen Kuppe annehmen. Am Ende des Vorganges sinkt zwar auch sie unter den Spiegel des Meeres, bleibt aber stets eine Erhöhung auf seinem Boden und bewahrt bei einem Zurückweichen der See auf dem Festlande ihren Charakter als flache Erhebung.

In Bezug auf die Zeit der Abrasionen nimmt er an, dass diejenigen, welche zur Zeit des Rotliegenden und der Trias sich vollzogen, nicht die einzigen geblieben sind, und stützt sich dabei auf die Lagerungsverhältnisse des Buntsandsteins in der Gegend von Saarbrücken. Da diese Annahme für die Frage der Thalbildung nur bei Bestimmung ihres Alters in Betracht kommt, behalte ich mir vor, später auf sie zurückzukommen. Für die ideale Wiederherstellung der Oberflächenbeschaffenheit der Eifel bei ihrer Erhebung aus dem Meere, als sich die Thäler zu bilden begannen, ist es gleichgiltig, ob die Abhobung des Landes einmal oder mehrmals vor sich gegangen ist. Jedenfalls scheint die Oberfläche in unserem Teile des Landes im allgemeinen eine ebene gewesen zu sein. Offene Spalten, welche die Entstehung von Thälern an bestimmten Stellen hätten herbeiführen können, sind nicht erwiesen worden. Ebenso haben offenbar im Bereiche der Eifel höher aufragende Gebirgszüge, welche auf die Verteilung der Wasserscheiden einen entscheidenden Einfluss auszuüben vermocht hätten, gefehlt, wobei natürlich die Abhängigkeit jener von geringen Niveaudifferenzen des trocken gelegten Meeresbodens nicht ausgeschlossen ist. Eine Änderung dieses Verhältnisses wurde später durch die ausgedehnte vulkanische Thätigkeit herbeigeführt. Da sie aber, wo immer das gegenseitige Verhältnis der Beobachtung zugänglich ist, erst nach der Entstehung der Thalanfänge zu wirken begonnen hat, darf sie bei der in Rede stehenden Frage nach dem ersten Ursprunge der Thalbildung nicht berücksichtigt werden.

Wie man es im Kleinen oft wahrnehmen kann, müssen sich unter Bedingungen, welche den hier angegebenen entsprechen, und unter Voraussetzung grösster Einfachheit der Formen, an den Stellen, wo das Meer zurückweicht, seiner Rückzugsrichtung parallel Entwässerungslinien ausbilden, da beide der Richtung folgen, in welcher die Höhen am raschesten abnehmen. Diese ersten Rinnen werden nicht nur an den Flanken jeder einzelnen aus dem Meere emportauchenden Bodenschwelle besondere Abflusssysteme bilden, sondern es werden auch die von einer Stelle herabkommenden Kanäle, wo sie mit solchen von einer anderen zusammentreffen, zu Ablenkungen und Umbiegungen genötigt werden. So müssen Vereinigungen mehrerer von ihnen zu einem gemeinsamen Strome entstehen. Wenn immer solche den Höhenverhältnissen entsprechend gerichteten Rinnen sich gebildet hatten, mussten dieselben im Laufe der Zeit in Thäler verwandelt werden, indem das Wasser sich dort, wo es eine Zeit lang an derselben Stelle abfloss, rückwärts in das Plateau einschnitt. Wenn dies nun auch zunächst entlang jener ersten, im wesentlichen parallel gerichteten Rinnen vor sich ging, so gab doch wieder jede einzelne von ihnen Gelegenheit zur Bildung von Seitenthälern, da sie eine Vertiefung der Oberfläche bildete, zu welcher hin Gesteinsteilchen entführt werden konnten. Diese neuen Thäler bleiben natürlich während ihrer ganzen Entwickelung von denjenigen erster Entstehung abhängig, weil sie nirgends tiefer eingeschnitten werden können, als es das Hauptthal an der Stelle ihrer Mündung ist. Von den neuen Rinnen oder Thalanfängen aus bildeten sich in analoger Weise solche dritter Ordnung, und so fort. Wo ein Seitenthal bei seinem Fortschreiten aufwärts ein Gebiet erreichte, welches schon einem anderen Systeme tributär war, wurde die schon von Anfang an bestehende Wasserscheide schärfer ausgebildet, blieb aber im Ganzen in demselben Gebiete.

Allerdings darf nicht vergessen werden, dass die Wasserscheiden, wie schon K. G. Gilbert*) und neuerdings in interessantem Zusammenhange Löwl**) gezeigt haben, plötzliche und langsame Änderungen erfahren können.

Im rheinischen Schiefergebirge sind die Flüsse erster Ordnung einer nördlichen Richtung gefolgt. Unter ihnen ist der Rhein allein im Stande gewesen, ein grösseres Gebiet von sich abhängig zu machen, während die Roer und andere Gewässer an seiner linken, die von Süd kommenden von der Ruhr gesammelten Flüsse auf seiner rechten Seite vollständig zurücktreten. Die Ursache, weswegen ein einzelner Strom, welcher dasselbe Gestein zu durchsägen hatte, wie seine Nachbarn, vor ihnen einen so bedeutenden Vorsprung gewann, ist nicht zu erkennen***). Es ist naheliegend anzunehmen, dass hier Spaltenbildung helfend eingegriffen habe, und die von v. Lasaulx bemerkte Thatsache†), dass eine Erdbebenlinie den Rhein entlang von

---

*) Gilbert: Report of the geology of the Henry mountains. Ch. V. 1877. S. 123 f.

**) Löwl: Die Entstehung der Durchbruchsthäler. Peterm. Mitthl. 1882. XII.

***) Die grössere Wassermenge des Rheines allein genügt nicht, um diesen Vorsprung zu erklären; denn es entsteht sogleich die Frage, warum sich im Rheine eine solche grössere Wassermasse vereinigt hat. Man kommt bei ihrer Beantwortung leicht in Gefahr, sich in Cirkelschlüssen zu bewegen.

†) Nach gefälligen mündlichen Mitteilungen.

Bingen bis Düsseldorf und zwar etwa der Geraden Bingen-Cleve entsprechend verläuft, scheint diese Annahme zu bestägen. Trotzdem darf ihr nicht Raum gegeben werden. Wie C. F. Römer ausdrücklich betont, steht die Ausbildung des Rheinthales zwischen Bingen und Bonn im Widerspruche mit ihr. Er schreibt*): „Was den Ursprung der Thäler am Rhein betrifft, so ist zunächst das Rheinthal zwischen Bingen und Bonn häufig als ausgezeichnetes Beispiel eines Spaltenthales genannt·worden. Mehrere Verhältnisse scheinen jedoch diese Entstehungsart für dasselbe nicht zuzulassen. Einmal wäre der Verlauf einer so grossartigen Spalte, welche nicht gerade, sondern in vielfachen, oft ganz kurzen Krümmungen sich erstreckt, sehr auffallend. Vorzüglich spricht aber die Thatsache dagegen, dass sich in einer Höhe von mehreren hundert Fuss über dem jetzigen Spiegel des Rheines ein ehemaliges, durch dieselbeu Rheinkiesel als das jetzige bezeichnetes Flussbette verfolgen lässt. Besonders oberhalb Coblenz und weiter aufwärts zeigt sich zu beiden Seiten des Rheins ein solches mit grosser Deutlichkeit**). Als aber der Rhein in dieser Höhe floss, da hatte sein meilenweit ausgedehntes Thal nichts spaltenähnliches. Übrigens müsste jene Entstehungsart, wenn man sie von dem Rheinthale behaupten wollte, auch für viele Nebenthäler desselben, wie das Mosel-, Lahn-, Sieg- und Ahrthal gelten; denn deren Bildung ist durchaus übereinstimmend, nur dass die noch zahlreicheren Krümmungen und Windungen den Gedanken an Spalten noch mehr zurückdrängen. Die einschneidende und fortführende Kraft der Gewässer ist ganz allgemein die Ursache der Thalbildung am Rheine, obgleich Unebenheiten der ursprünglichen Oberfläche die Richtung der Thäler zum Teil bestimmt haben mögen." In der Anmerkung beruft sich Römer auf C. von Oeynhausen.

Demnach erscheint die Annahme, dass die Bildung des Rheinthals durch eine Spalte im Gebirge begünstigt worden sei, ausgeschlossen. Doch ist es schwierig, für andere Erklärungsarten beweiskräftigen Anhalt zu finden. Es ist nicht unmöglich, dass entlang der Rheinlinie eine Verbindung zwischen dem Mainzer Becken und dem nördlichen Meere bestanden hat, wie z. B. der Coloradofluss als die Verbindungsstrasse eines grossen eocänen Sees mit dem offenen Meere aufgefasst wird***). Was nun auch die richtige Deutung sein mag, jedenfalls erhielt die Bevorzugung

---
*) Römer: Das rheinische Übergangsgebirge. 1844. S. 4.
**) Vergl. auch Zeiler: Über die Erosionserscheinungen am Rheine. Zeitschrift des naturhistor. Vereins f. Rheinl.-Westph. 1856.
***) cf. Dutton: Report of the geologie of the High Plateau of Utah. 1880. S. 15—17.

der Rheinlinie durch ihre Folgen eine grosse Bedeutung für das Land; denn zu beiden Seiten des Stromes bildeten sich die in ihn mündenden Abflussrinnen zu Thälern zweiter Ordnung aus und machten ihm das gesamte Schiefergebirge tributpflichtig. Fünf von ihnen, welche am linken Ufer des Stromes entstanden, greifen in das Gebiet der Eifel ein: die Ahr, der Vinxtbach, die Brohl, die Nette und die Mosel. Wieder ist hier der eine Fluss vorzugsweise entwickelt. Auch für das Moselthal ist die Annahme einer Spalte ausgeschlossen, und eine andere Ursache seiner Bevorzugung vermochte ich nicht zu erkennen. Die Bildung dieser Thäler machte das Entwässerungssystem der Eifel verwickelter. Eine Reihe parallel gerichteter Bäche schnitt sich von der Mosel und den anderen Zuflüssen des Rheines aus rückwärts in das Land ein, bis sie die Gebiete der Thäler erreichten, welche demselben parallel und in gleicher Richtung abfliessend entstanden waren. Zahlreiche neue Wasserscheiden bildeten sich teils zwischen ihren Systemen untereinander, teils zwischen diesen und denjenigen älterer Gewässer. Die Lage der Scheiden ist eine überraschende. Es wäre zu erwarten gewesen, dass das Roergebiet viel weiter in die Eifel hineingriffe, als dasjenige der Mosel, weil bei jenem, welches zugleich mit dem Zurückweichen des Meeres entstand, eine Vertiefung der Entwässerungsrinne eher möglich war, als bei den Zuflüssen der Mosel, welche von dem Fortschreiten dieser und des Rheines in die Tiefe abhängig sind. Die Ursache dafür, dass es nicht der Fall ist, giebt zunächst wohl die höhere Erhebung des wasserscheidenden Rückens, sodann aber auch die Beschaffenheit der Gesteine desselben. Er besteht nämlich aus harten Quarziten; eine Folge davon ist, dass noch bis heute die an beiden Seiten arbeitenden Gewässer nicht im Stande gewesen sind, die Entwässerung dieses Gebietes zu völliger Entwickelung zu bringen. Die Section Malmedy der Dechenschen Karte zeigt, dass noch weite Gebiete auf der Höhe des Rückens versumpft sind, d. h. der Ausbildung eines Abflusssystems entgegen sehen.

Hier hat man in der Natur ein Beispiel eines Rückens vor sich, dessen Entstehung härteren Gesteinen zu verdanken ist, welche der Abrasion einen grösseren Widerstand leisteten. Gleich bei seiner Trockenlegung wurde er zur Wasserscheide und verhinderte, dass das Roergebiet sich in gleicher Weise entwickelte wie dasjenige des Rheines.

Über die Lage der Wasserscheiden der Systeme, welche gleichmässig dem Rheine direkt tributpflichtig sind, giebt der Bau des Landes keine ähnliche Aufklärung, wie für die Lage der Scheide zwischen Mosel- und Roergebiet. Die Grenzen je zweier

Gebiete verlaufen sehr unregelmässig. Während z. B. auf dem Hundsrück eine ziemlich gerade Linie von St. Goar nach Süd-West die Gebiete der Saar und der Mosel trennt, greifen die Zuflüsse der Ahr und der Nette, der Nette und der Mosel und der Mosel und der Ahr häufig in einander. Schon der Umstand, dass eine einheitlich gerichtete Kette fehlt, deutet darauf hin, dass die Grenzen der einzelnen Gebiete nicht durch geologische Verhältnisse bestimmt worden sind, sondern dass die frühere Besitznahme eines Landstrichs durch die Gewässer über seine Zugehörigkeit zu irgend einem Gebiete entschieden hat. Es ist bemerkenswert, dass an den besprochenen Wasserscheiden die vulkanische Thätigkeit zu hoher Entwicklung gelangt ist, und dass hier zahlreiche Ausbrüche, welche über eine lange Zeit hin verteilt sind, erfolgten. Weber und von Dechen haben paläontologisch nachgewiesen, dass im Gebiete des Laacher Sees vulkanische Eruptionen von der Oligocänzeit an bis in eine der heutigen sehr nahe liegende Epoche stattgefunden haben, und es ist wahrscheinlich, dass die ältesten Basaltausbrüche, welche in der Gegend der Wasserscheiden so häufig sind, noch etwas weiter zurückreichen. Da auch den Thälern kein bedeutend höheres Alter zugesprochen werden darf, ist es keineswegs ausgeschlossen, dass das Hervorbrechen des Basalts und die Entstehung höherer Berge die Festlegung der Wasserscheiden beeinflusst, oder die noch unentwickelten verändert habe.

Die bisherigen Erörterungen sollten dazu dienen, die Beschaffenheit der Oberfläche der Eifel vor Beginn der Thalbildung und die Verteilung der heutigen Thäler zu erklären. Es wird nun die Aufgabe sein, die Ausbildung der Thäler im Einzelnen zu betrachten. Da dieselbe wesentlich davon abhängt, in welches Gestein sie eingeschnitten wurden, dürfte es sich empfehlen, nach einander die Thäler im Schiefer, im Eifelkalke, im Buntsandstein und im Muschelkalke zu untersuchen. Hieran würde sich naturgemäss die Frage anschliessen, wie die vulkanische Thätigkeit auf jene gewirkt hat. Dies wird endlich zu einer Betrachtung über das Alter des jetzigen Entwässerungssystems der Eifel hinführen.

Zwei Eigenschaften sind es vornehmlich, welche den in das Unterdevon eingeschnittenen Thälern ein eigenthümliches Aussehen verleihen. Ein Blick auf die Karte lässt die eine, ein Blick in das Thal selbst hinab die andere hervortreten. Die Richtung der Thäler ist oft auf lange Strecken hin schnurgerade; plötzlich in scharfem Winkel umbiegend ändert sie sich, und es kommt eine andere oft ebenso geradlinige zur Geltung. Die Zahl der vertretenen Richtungen ist keine grosse, sondern wenige vereinigen

sich in allen möglichen Kombinationen mit einander, ohne jedoch eine Gesetzmässigkeit in ihrer Anordnung erkennen zu lassen. Diese Eigentümlichkeit kann natürlich nur dann hervortreten, wenn man einen grösseren Raum übersieht, wie auf der Karte. In der Natur haftet der Blick nur am Kleinen, Einzelnen; aber auch dann erregen diese Thäler Aufmerksamkeit. Wo sie etwas tiefer eingeschnitten sind, werden sie zu engen und wilden Schluchten, und ihre Erscheinung bildet dann einen erfrischenden Gegensatz gegen die Einförmigkeit der Hochfläche. Oft sieht man sich überrascht am Rande eines solchen Thales, dessen Spuren bei einem Blicke über das Plateau vollständig verschwunden waren. Tief unter sich sieht man einen kleinen Bach, in stetigem Zickzack sich einen Lauf zwischen trotzigen Felsen suchen, welche ihm immer wieder in den Weg treten und ihn immer wieder zu neuen Umwegen nötigen. Ein solches Schieferthal ist dasjenige der Lieser bei Manderscheid, welches am Eingange der Arbeit beschrieben wurde. Wer von jenem Aussichtspunkte aus den Mosenberg betrachtet, ahnt nicht, dass er, um dahin zu gelangen, noch einmal ebenso tief hinabsteigen muss, wie der Bach unter ihm sein Thal eingeschnitten hat. Eine anschauliche Beschreibung dieser Schluchten giebt von Dechen*).
Er sagt:

„Mit dem tieferen Einschneiden dieser Thäler und Schluchten werden die Abhänge derselben steiler und die Bildung der Felsen nimmt immer mehr zu. Die steil geneigten Schiefer und Sandsteinschichten werden an den Abhängen in den verschiedensten Richtungen blosgelegt, bilden Kanten, Grate und Riffe, welche sich von den Höhen bis zur Sohle der Thäler hinabziehen. Gleichzeitig verändert sich der sanft gekrümmte Lauf der Büche in kürzere und engere, oft nahe in sich selbst zurückkehrende Serpentinen. In diesen ist der innere Abhang immer der steilere, der gegenüberliegende convexe Abhang dagegen der flachere. Eine lange schmale Rippe zieht sich oft nach und nach abfallend in den Bogen hinein, die sich an ihrem Ende nochmals zu einem abgerundeten Kopfe erhebt, nicht selten mit der Ruine einer alten Burg gekrönt. Die Sohle dieser Thäler ist eben, gewöhnlich sehr schmal, besonders da, wo die Abhänge sich hoch und steil erheben und schneidet scharf ohne allmäligen Übergang am Fusse der Gehänge ab."

Dasjenige, was den beschriebenen Thälern ihren besonderen Habitus verleiht, sind die engen, langen und zum Bache hin ab-

---

*) von Dechen: Vergleichende Übersicht der vulkan. Bild. etc. Zeitschr. der Deutschen geolog. Ges. 1865. S. 72.

gedachten Rippen. Sie sind auch in anderen Gegenden bekannt;
man findet z. B. in der Orographie v. Sonklar's*), welcher sie
Bergnasen, Bergzehen und Sporen nennt, Abbildungen und Durchschnitte derartiger Vorsprünge. In der Eifel sind sie meist noch
schmaler und mehr in die Länge gedehnt, und oft findet auch
an der Anfügungsstelle eine bedeutende Abnahme der Höhe gegenüber dem vorderen Ende der Rippe statt. Die auf Seite 23
beigefügten Darstellungen des Verlaufes des Üssbaches in der
Nähe der Trier-Coblenzer Chausséebrücke und des Lieserbaches
bei Manderscheid sind vielleicht geeignet, zu zeigen, wie die
Bäche fortwährend ihre Richtung ändern; hier mögen einige sche-
matische Durchschnitte der häufigen Vorsprünge angefügt werden.

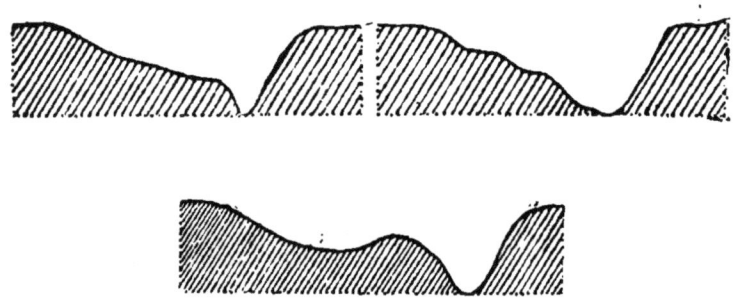

Eine Erklärung für derartige Bildungen giebt Mitscherlich**)
im Kapitel über Bertrich, wo er schreibt:

„In die Hochebene, welche das Schiefer- und Grauwackengebirge bei Bertrich bildet, ist das tiefe Thal des Üsbaches eingeschnitten, mannigfaltig gewunden, wie die Thäler in diesem
Gebirge überhaupt***). Sehr häufig entstehen die Windungen
dadurch, dass das Gebirge aus festeren Grauwacken- und besonders Thonschieferschichten besteht, welche durch Sprünge zerklüftet sind; gewöhnlich liegen diese perpendikulär gegen die
Schichtung und bedingen die Hauptrichtung des Baches. Dadurch,
dass der Bach die loseren Thonschieferschichten wegführt, bildet
sich bis zum nächsten Sprung in den Grauwackenschichten, wenn
dieser nicht in der Richtung des früheren Sprunges liegt, eine
Thalwindung, und die festeren Grauwackenschichten bilden Vorsprünge und Grate. Je weiter der Sprung in der einen Schicht

---

*) Oroplastik. Kap. über Detailformen.
**) Mitscherlich: Über die vulkanischen Erscheinungen in der Eifel. S. 54.
***) Aus dem letzten Passus ziehe ich den Schluss, dass die Erklärung
für alle Thäler gelten und nicht auf dasjenige des Üssbaches beschränkt bleiben soll.

von dem in der nächstfolgenden aus der allgemeinen Richtung des Baches entfernt liegt, desto länger läuft der Bach in der Richtung der Schichtung."

Wenn diese Erklärung, deren Wert zu ihrer Zeit noch kaum erkannt werden konnte, auch im Wesentlichen zugegeben werden darf, so ist es doch vielleicht erwünscht, den Gegenstand etwas weiter auszuführen, da die wenigen Worte Mitscherlich's nicht ganz leicht richtig verstanden werden. Es ist zu betonen, dass die Vorsprünge der Thalwände allmälig entstanden sind und sich noch heute fortbilden. Wenn aus irgend einem, hier zunächst ausser acht zu lassenden Grunde der Bach, während er sein Bett vertiefte, zu einer Biegung veranlasst wurde, deren Betrag denjenigen nicht überschritten haben soll, um welchen noch heute auch tief eingeschnittene Bäche abgelenkt werden, änderte er von diesem Augenblicke an nach dem Gesetze, dass fliessendes Wasser an der Aussenseite*) einer Kurve rascher abträgt, die Art seiner Arbeit. Vorher bestrebt, sein Bett senkrecht einzuschneiden, gräbt er dasselbe fortan schräg in die Unterlage ein. Dies hat eine allmälige nach unten fortschreitende Vergrösserung des Bogens und des umgangenen Gebietes zur Folge. Dabei werden sich folgende Formen ausbilden: die kleine Biegung wird zu einer ansehnlichen Schleife ausgezogen, indem immer das in der ein-

gefügten Zeichnung punktirt angegebene convexe Stück des Baches die Änderung seiner Richtung bestimmt. Weiter hin verlängert sich die Schleife immer mehr, und es findet dabei eine Annäherung ihrer oberen und unteren Hälfte an der Ansatzstelle statt, welche zu-

nimmt, bis ein völliger Durchbruch erfolgt. Wenn dies geschehen ist, ragt ein Teil des Felsens als Insel über den Thalgrund empor,

---

*) Dass die Bildung der Vorsprünge auf diesem Gesetze beruhe, hat schon v. Sonklar ausgesprochen. Vergl. dessen Allg. Orogr. Orogenetischer Teil 6. B.

und der Bach ist bestrebt, von der Ansatzstelle aus vorschreitend, diese ganz abzutragen. Ist ihm das Werk gelungen, und hat sich während dieser Zeit nicht wieder eine bedeutende Tieferlegung des Baches vollzogen, so entsteht ein steilwandiger halbrunder Kessel, gegen das Thal hin geöffnet, dessen Erklärung als Erosionserscheinung wohl leicht auf Widerstand stossen würde. Den verschiedenen Gestalten des Bachlaufes entsprechen die Formen der gegen das Thal hin vorspringenden Teile des Plateaus. Während die Vertiefung des Baches schräg nach der Aussenseite einer Biegung hin stattfindet, bildet sich ein zu ihm abfallender vorragender Fels, dessen Höhenlinie erkennen lässt, wann das Vorschreiten des Bettes in die Tiefe dasjenige nach der Seite übertraf und umgekehrt*). Die Annäherung der beiden Seiten der Schleife hat in ihrem Fortgange eine Erniedrigung des Felsens an der Ansatzstelle zur Folge; denn für jedes Gestein giebt es eine Grenze der Böschung, deren Steilheit nicht überschritten werden kann, ohne dass sie sogleich durch Absturz wieder hergestellt wird. Denkt man sich die beiden Teile der Schleife in ihren convexen Rändern so weit genähert, dass die Oberfläche des Felsens an dieser Stelle zu einer Linie wird, und nimmt man dann an, dass die Erosion noch weiter fortgeht, so wird die Grenze überschritten, welche die Böschung des Gesteines erreichen kann, und es muss sich eine Vertiefung bilden, welche bedeutender wird, je mehr sich die Teile des Baches einander nähern und schliesslich bis zur Bachsole hinabsinkt.

Schon vorher können Zuflüsse, welche gern von solchen Ecken her dem Hauptbache zufallen, eine Erniedrigung hervorgerufen haben, indem sie von diesen Stellen rascher das Gestein fortführen. In den unterdevonischen Gesteinen der Eifel wird in Folge ihrer vielfachen Durchklüftung die Maximalsteilheit der Böschung bald erreicht. Es finden sich daher unter den vielen verschiedenen Formen der in ein Thal vorspringenden Felsen wesentlich zwei Grundtypen: die einen ziehen sich in oft ungleich steiler ununterbrochen fallender Höhenlinie gegen den Bach hin, bei den anderen ist eine Einsattlung schwächer oder stärker ausgebildet. Vollständige Durchbrüche sind selten, fehlen aber nicht ganz. Dadurch, dass sich an einem Felsen die Schlinge vorn gabelt, dass verschiedene Fallwinkel des Gesteines sich zur Geltung bringen, dass eine reichliche Baumvegetation jenen einhüllt und alle scharfen Kanten versteckt, und durch viele andere Umstände wird eine grosse Mannigfaltigkeit in der Erscheinungsweise der einzelnen Zacken erzielt.

---

*) Vergl. die zweite Zeichnung auf S. 19.

Es fragt sich nun, ob sich Ursachen für die Ablenkung des Baches aus seinem graden Laufe erkennen lassen. In vielen Fällen wird man bemerken, dass grade gegenüber einer vorspringenden Bergrippe ein Seitenbach mündet, so dass es den Anschein gewinnt, es habe die Einmündung des Zuflusses an dieser Stelle Einfluss auf die Bildung des Vorsprunges gehabt. Diese Ansicht wird dadurch erschüttert, dass man oft Vorsprünge findet, bei denen Zuflüsse fehlen, welche als die Ursache ihrer Bildung zu betrachten wären, und dass auch Fälle zu beobachten sind, in welchen Bäche zwar einmünden, aber entgegenstehende Vorsprünge fehlen. Eine andere Erscheinung, welche bei der Erklärung der Windungen zu berücksichtigen sein wird, ist diejenige, dass die Zacken in den meisten Fällen parallel mit dem Streichen irgend einer Zerklüftung, der echten oder unechten Schieferung liegen.

Die oft betonte Konstanz der Streichungslinie im rheinischen Schiefergebirge ist nur für grössere Räume wörtlich zu nehmen. Im Kleinen wechselt das Streichen zwischen gewissen Grenzen oft und unregelmässig. Ebenso sind bestimmte, immer wiederkehrende Kluftlinien nicht stets ganz parallel mit einander; endlich kommen lokal auch andere Zerklüftungen zur Geltung. An jeder einzelnen Stelle wird sich entscheiden lassen, welche Absonderung des Gesteines die vorherrschende sei, und man erkennt bei genauer Beobachtung leicht, dass die führende Rolle bald dieser bald jener zufällt. Verfolgt man eine Strecke eines Eifelthales und giebt man an genau bezeichneten Stellen das Streichen der vorherrschenden Schichten an, gleichviel welche Stellung sie im Aufbau des Gebirges einnehmen, trägt man endlich die gefundenen Streichrichtungen auf die Karte ein, so findet man eine auffallende Übereinstimmung mit den Richtungen des Thales, um so auffallender, wenn man bedenkt, wie verwischend die runde Beschaffenheit der Schleife des Baches auf die Ausbildung des Thales einwirken muss. Man erkennt, dass die Thäler der Eifel in ihrer Gesamtrichtung, wie im einzelnen von der Beschaffenheit des Gesteines beeinflusst werden. Als Beispiel füge ich die Strecke der Lieser bei Manderscheid und eine kleine Strecke aus dem Thale des Üssbaches bei.

Die gewonnene Erfahrung lässt es erklärlich erscheinen, dass so häufig Zuflüsse einem Vorsprunge gegenüber einmünden. Bekanntlich schneiden sich die Zuflüsse eines Erosionsthales von diesem aus rückwärts in das Gestein ein. Ursprünglich sind nun alle Teile eines Thalrandes zum Ausgangspunkte einer Seitenthalbildung geeignet, und es ist eine solche nach allen Seiten hin denkbar. In der Eifel sind diejenigen Richtungen, welche in das Streichen einer Absonderung fallen, vor den anderen begünstigt.

Von denjenigen Punkten aus, wo die Zerklüftung des Bodens eine Abtragung des Materials am besten vorbereitet hatte, bildeten sich Seitenthäler, und die Rinnen derselben folgten der Richtung, welche mit dem Streichen der am besten entwickelten Schichten übereinstimmt. Wo verschiedene Absonderungen des Gesteins gleiche Ausbildung zeigen, ist die steilere gewöhnlich die bestimmende gewesen.

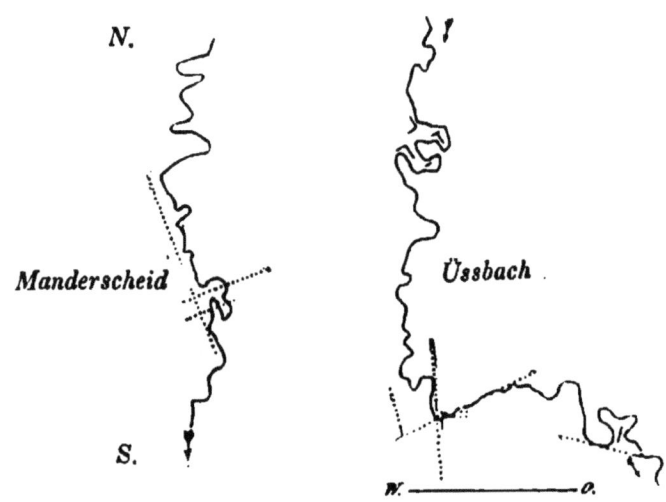

Bedenkt man nun, wie eine Ablenkung des Baches aus seiner Hauptrichtung nach der Seite hin stattfinden konnte, so muss man annehmen, dass eine vorhandene Ungleichheit des Widerstandes in Folge stärkerer auflockernder Zerklüftung gestattet hat, dass von den zahlreichen, in jedem Wasser vorhandenen Teilströmungen diejenige, welche auf sie hin gerichtet war, rascher erodirte und sich daher vorzugsweise entwickelte; indem dadurch eine lotrechte Vertiefung des Baches unmöglich geworden war, wurde er aus seiner Hauptrichtung in diejenige der bevorzugten Strömung abgelenkt.

Viel einfacher ist die Erklärung für die Änderung der Richtung des Baches dort, wo ein Seitenbach einmündet. Es können hier zwei Fälle eintreten, entweder bildet der letztere an seiner Mündung einen Schuttkegel oder er führt nicht mehr Gesteinsmaterial mit sich, als beide Bäche im Vereine mit einander entfernen können. Im ersteren Falle wird immer eine Krümmung des Hauptbaches vom Zuflusse weg die Folge sein. Wenn der erstere bedeutend stärker ist als dieser, wird er die Krümmung bald so erweitern, dass der Schuttkegel nicht mehr allen dazwischen liegenden Raum ausfüllt. Es entstehen dann Formen, wie hier eine aus dem engen Teile des Alfthales angeführt wird.

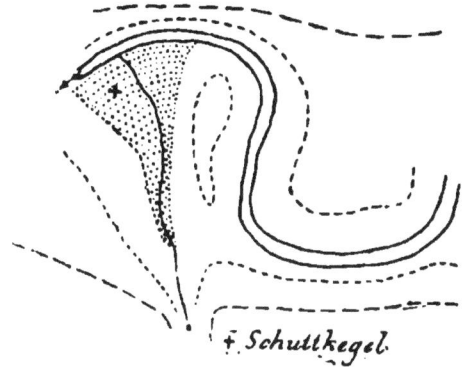

Wir sehen hier den Lauf der Alf; die punktirten Linien geben die Höhe von etwa 50' über dem Bache an, während der Schuttkegel durch ein Kreuz bezeichnet ist. Ähnliche Stellen finden sich nicht selten.

Wenn der Bach nicht mehr Schutt mit sich führt, als entfernt werden kann, so kann in engen Thälern auch eine Krümmung des Hauptgewässers entstehen, aber auf den Zufluss hin. Ist nämlich die Wassermenge des Zuflusses im Verhältnisse nicht zu gering, so wird sie bei ihrer Mündung auf den Bach einen Stoss ausüben und gleichzeitig bei einigem Gefälle desselben eine Wendung nach abwärts ausführen und so eine Krümmung des Hauptbaches auf den anderen hin erzielen.

Die kleine Krümmung wird so lange aufrecht erhalten, als Wasser aus dem einen Thale sich in das andere ergiesst; deswegen gewinnt sie Einfluss auf die Arbeit des Baches. Es ist leicht ersichtlich, dass nur unter günstigen Bedingungen, wie sie sich in der Eifel oft finden, eine Ablenkung in Folge der Einmündung eines Seitenbaches stattfinden kann.

Ein Bedenken, welches sich gegen die angegebene Erklärung der Windungen in den Schieferthälern der Eifel geltend machen liesse, liegt in der Abweichung der Nebenrichtungen von der Hauptrichtung des Baches.

Derselbe Wechsel in der hervortretenden Absonderung des Gesteines, welcher in geringen horizontalen Entfernungen beobachtet wird, kann auch in vertikalem Abstande nachgewiesen werden. Bei der ersten Anlage des Thales gab für seine Richtung die an der Oberfläche des Plateaus herrschende Zerklüftung den Ausschlag. Diese änderte sich oft, so sehen wir am Salmbache oberhalb seiner Vereinigung mit dem Kailbache die Thalrichtung der Schichtung parallel; am Üssbach, der Lieser, an anderen Stellen des Salmbaches herrschen andere Richtungen. Daher folgt kein einziges Thal einer einheitlichen Linie, aber alle Richtungen kehren zeitweilig wieder. Von dieser Erscheinung rührt zum Teil der auffallende Parallelismus der Eifelthäler her.

Fasst man die bisherigen Erörterungen zusammen, so wäre die Bildung eines Thales im unterdevonischen Gebirge in folgender Weise vor sich gegangen. Von dem Hauptflusse, z. B. der Mosel, aus schnitt sich das Wasser, den durch die Plastik des Bodens hervorgerufenen Abflusslinien folgend, rückwärts in das Plateau ein, indem es überall bestrebt war, seinen Lauf in jeder einzelnen Teilstrecke mit der vorherrschenden Absonderung in Einklang zu setzen. Beim Vertiefen des Thales bildeten sich in entsprechender Weise Nebenflüsse. Ihre Bildung und der Wechsel in der Richtung der Absonderungen hatte die Entstehung zahlreicher Krümmungen des Baches zur Folge, von denen aber seine Hauptrichtung nicht modificirt werden konnte.

Eine Erscheinung, welche den Beobachter überrascht, ist eine öfters eintretende plötzliche Erweiterung des Thales, wie man sie z. B. am Wege von Bertrich nach Alf mehrmals beobachten kann, und wie sie sich auch am Alfbache selbst zwischen der Reiler Mühle und dem Eisenwerke findet. Sie scheint überall dort einzutreten, wo eine steil fallende Absonderung fast allein herrschend ist, und der Bach dem Streichen derselben folgt. Man kann sie daher mit den eigentlichen Längsthälern parallelisiren, als deren Eigentümlichkeit ja überall eine flache weite Ausbildung angeführt wird.

Der bisher beschriebene Charakter der Thäler im Unterdevon ist ihnen nur dort eigentümlich, wo sie etwas tiefer eingeschnitten sind. In den höheren Gebieten sind enge Schluchten nirgends vorhanden. In diesen kann eine Unterscheidung der einzelnen Thäler je nach dem Gestein, in welches sie eingeschnitten worden sind, nicht durchgeführt werden, da alle Thäler in gleicher Weise weit und flach sind. Gilbert führt aus den Plateauländern des westlichen Nordamerika an, dass dort, allen theoretischen Erwägungen zum Trotz, die Wasserscheiden allmälig abgedacht seien, Circusthäler aber, wie sie aus den Alpen beschrieben sind, nicht beobachtet werden; dies ist den Verhältnissen der Eifel durchaus analog. Der amerikanische Forscher erklärt sich ausdrücklich ausser Stande, eine Erklärung der Erscheinung zu geben. In der That führt auch jede theoretische Betrachtung über die Wirkung der Erosion dazu, anzunehmen, dass dort, wo zwei sich entgegenarbeitende Bäche im Stande waren, ihre Scheide zu erniedrigen, sich wenigstens an einer Seite ein steiler Abhang bilden müsse. Es darf aber nicht unbeachtet bleiben, dass die Erosion nicht die einzige verändernde Kraft ist, welche auf das Land einwirkt.

Neben ihr wirken ausgleichende Kräfte, wie z. B. in Steppenländern der Wind, in regenreicheren das spülende Wasser, welches in Folge eines jeden Regengusses in zahllosen Rinnen zu den Bächen hineilt, gleichsam als hätte es die Aufgabe übernommen, die von den Bächen ausgetieften Thäler auf Kosten der gesamten höheren Teile wieder auszufüllen. Dieses spülende Wasser lässt keinen Punkt des geneigten Bodens unberührt und führt in Folge dessen oft eine grössere Menge Schutt zu den Bächen, als diese selbst durch direkte Erosion sich bereiten. Es hat daher in den Gegenden, welche in stärkerem Maasse der Wirkung des spülenden Wassers unterliegen, jeder Bach nöthig, das fremde, ihm zugeführte Material zu entfernen, und er kann nur einen Teil seiner Kraft auf Erosion verwenden. Das Hindernis ist nun häufig in den einzelnen Thälern eines grösseren Gebietes ein ziemlich gleiches, es zeigt in ihnen daher am besten dort seine Wirkung, wo die Rinnen bildende Kraft des Baches noch die geringste ist, d. h. in der Nähe der Quellen. Die folgenden Betrachtungen gelten nur für Plateauländer; in eigentlichen Gebirgsländern nimmt die Steilheit des Gefälles oft gegen die oberen Teile der Bäche hin rasch zu; bei Flüssen, welche auf der Höhe eines Plateaus fliessen, ist diese Zunahme, wenn sie überhaupt stattfindet, in der Regel sehr gering. Da bei jedem fliessenden Wasser aufwärts eine Teilung in immer kleinere Rinnen zu beobachten ist, so kommt man, in derselben Richtung vorschreitend, allmälig zu einem Punkte, wo die Kraft des Wassers, Rinnen zu bilden, sich mit derjenigen, Rinnen zu verschütten, zu bestimmter Zeit das Gleichgewicht hält. In dem Gebiete von diesem Punkte bis zur Wasserscheide hin bildet sich, wofern nicht besondere Bedingungen eintreten, ein nach allen Seiten gleichmässig und schwach ansteigendes Becken. Da der Punkt des Gleichgewichts bei der Vermehrung des Gefälles durch fortschreitende Erosion immer weiter gegen die Scheide hin verlegt wird, wird das beschriebene Becken allmälig an Ausdehnung ab-, an Steilheit zunehmen müssen. Seine Gestalt giebt somit vielleicht einen Anhalt für eine Schätzung über das Alter eines Thales.

Unter den Bedingungen, welche dazu beitragen müssen, um in Plateauländern die Entstehung flacher Becken an den Wasserscheiden hervorzurufen, ist die wichtigste schon genannt worden, nämlich ein reichlicher Regenfall. Kaum weniger wichtig ist die

Fähigkeit des Gesteines, sich in Folge der Verwitterung in kleine Teile zu zerteilen; denn nur kleine Gesteinsbrocken kann spülender Regen zusammenschwemmen. Endlich ist von Wichtigkeit, dass die Vegetation keine dichte sei. Es ist bekannt, dass namentlich Waldvegetation das Regenwasser zurückhält und nur langsam abgiebt Andrerseits befördert Vegetation die Verwitterung, und es werden wohl solche Gebiete, die lange Zeit hindurch eine Walddecke getragen, sie aber aus irgend einem Grunde verloren haben, die günstigsten für die eben geschilderten Vorgänge sein.

In der Eifel sind die drei Bedingungen erfüllt, und es fehlt daher keinem Bache an einem Wasserscheidenbecken. Regen fällt reichlich, und der leicht verwitternde Boden liefert feinkörnige Produkte. Aus den Thonschiefern bildet sich ein unreiner Lehm, aus den Grauwacken und dem Buntsandsteine Sand. Die Vegetation ist heute keine reichliche, nach Berichten war aber früher das Land bewaldet. Ferner kann es vielleicht als eine günstige Bedingung angesehen werden, dass die Eifel in ihren höheren Teilen lange schneebedeckt ist. Bei dem Wegthauen des Schnees stehen grössere Wassermengen für die Arbeit des Abspülens zur Verfügung.

Es kommt endlich hinzu, dass das Entwässerungssystem der Eifel kaum sehr alt ist, und es ist nicht unwahrscheinlich, dass mehr als ein Becken, von der Arbeit der Bäche noch wenig berührt, die ursprüngliche Gestalt erhalten hat.

Als Beispiele solcher Becken sollen der oberste Teil des Kyllthales, etwa bei Frauenkron, im Schiefer und die oberen Teile des Salm- und Kailthales im Buntsandstein angeführt werden, ohne dabei entscheiden zu wollen, ob ihre Becken ursprüngliche sind oder nicht.

Wir können jetzt die in das Unterdevon eingeschnittenen Thäler verlassen, und uns denen in jüngeren Gesteinen zuwenden. Da diese nicht in gleichem Maasse für das Land bezeichnend sind, wird es möglich sein, rascher über sie hinweg zu gehen.

Der mitteldevonische Kalk ist entweder als weicher Kalkmergel oder als harter, löchriger Dolomit ausgebildet. In dem ersteren Falle bieten die Thäler nichts bemerkenswertes, da ihre Gehänge gleichmässig mit mittlerer Steilheit von der Höhe zum Thale hinabziehen. Die Thalformen des Dolomits sind leicht kenntlich; die obere Hälfte der Thalwände wird von senkrechten Mauern gebildet, unter ihnen zieht sich ein schuttreicher, meist rasenbedeckter Abhang unter etwa 45° zum Bache hin. Obwol diese Thäler, in Folge der Verbreitung des Dolomits nicht so tief eingeschnitten sind, wie die zuerst beschriebenen, zeigen sie sich ganz besonders malerisch. Eine Erklärung für die Formen der

Wände des Dolomits giebt sein Reichtum an netzartig verteilten Sprüngen an die Hand. In diese dringt das Wasser ein und zersprengt gefrierend den harten Fels. Oft fallen sehr grosse Blöcke diesem Vorgange zum Opfer, gewöhnlich erreichen aber die abgetrennten Teile keine bedeutende Grösse. Sie rollen abwärts und schützen, namentlich wo sie durch Rasen verbunden werden, das tiefer im Thale anstehende Gestein; denn dort, wo man in der Eifel solche Thäler findet, ist das Wasser nicht im Stande, die ganze Menge des dem Thale zugeführten Schuttes zu entfernen.

Bei Gerolstein werden die Dolomitschichten von weicheren unterbrochen. Kayser*) zeigte, dass man dort eine liegende Falte der verhärteten Stringocephalenstufe mit der Crinoidenschicht in der Mitte vor sich hat. In den äusseren Formen spricht sich dies durch eine Stufenbildung aus; das weichere Gestein erlag der Erosion rascher und der harte Fels darüber stürzte nach.

Was von den Thälern im Rotliegenden zu bemerken ist, kann bei Gelegenheit derjenigen im Buntsandstein behandelt werden.

Die letzteren sind den Thälern des Unterdevons nicht unähnlich, nur sind bei ihnen die Windungen der Bäche runder als im Schiefer der Eifel. Wie diese Thäler sind sie verschieden, je nachdem der Bach sich tiefer oder weniger tief eingeschnitten hat. Wir hatten bei der Betrachtung der Thäler im Unterdevon gesehen, dass ihr Charakter in ihren oberen Teilen nicht von dem Gesteine als solchem beeinflusst wurde; daher ist es erklärlich, dass die Thäler im Buntsandsteine in ihren oberen Teilen ebenso flach erscheinen, wie jene, und dass auch hier die Wasserscheiden durch sanft ansteigende Bergzüge gebildet werden. Als Beispiele sind bereits die Thäler des Salm- und Kailbaches angeführt worden.

Dieselben Bäche bieten auch Beispiele für die Einwirkung, welche ein Wechsel in der Beschaffenheit der Gesteine, die ein Bach durchschneidet, auf die Gestalt seines Thales ausübt, da beide aus dem bunten Sandsteine in das Unterdevon eintreten. Vor dem Übergange in das härtere Gestein der letzteren Formation ist das Thal bedeutend erweitert, und noch auf eine ganze Strecke weiter abwärts tritt auf der Höhe des rechten Thalrandes am Salmbache, auf den Höhen zu beiden Seiten am Kailbache der Buntsandstein zurück, und der Schiefer bildet die Oberfläche des Plateaus in der Nähe der Thalränder. Derselbe Vorgang wiederholt sich an der Alf unterhalb Bengel, und dort ist der Unterschied recht auffallend; denn weiter aufwärts, in den unterdevonischen Schiefern und Grauwacken, tritt die Hochfläche selbst

---

*) Vergl. das Profil in seinen „Studien etc."

an das Thal heran, im Gebiete des Rotliegenden erreichen die das Thal begrenzenden Rücken nicht die Höhe des Plateaus. Einige kleinere Bäche haben sich parallel dem Alfbache ihre Bahn gesucht und gliedern das Gebirge in Rücken, die stufenweise zum Schiefer hin ansteigen, schliesslich wenden sie sich unter ungleichen Winkeln dem Hauptbache zu.

In diesem Gebiete kann man den Fall beobachten, dass kleinere Rinnen von Anfang an in einem steilwandigen scharfen Risse verlaufen, dessen Wände von dem oben beschriebenen losen und ungeschichteten Konglomerate, welches hier das Rotliegende vertritt, gebildet werden und nur sehr spärlich mit Vegetation bedeckt sind.

Auch wo die Thäler tiefer in den Buntsandstein eingeschnitten sind, zeigen sie sich denjenigen der ersten Gruppe ähnlich. Wie das Unterdevon von Sprüngen durchsetzt ist, so besitzt der im ganzen horizontal gelagerte Buntsandstein zahlreiche Klüfte mit und ohne kleine Verwerfungen. Man kann zwischen Bausendorf und Hetzhof in der sogenannten Pferdskaul sogar eine offenstehende Kluft beobachten, an welcher sich sehr deutlich eine Verwerfung erkennen lässt. Diese Stelle ist lehrreich in Bezug auf das Verhältnis zwischen Kluft und Thal; man erkennt, dass eine, wenn auch offene Kluft an und für sich nicht im Stande ist, die Bildung eines Thales hervorzurufen. Der Boden der Pferdskaul ist nicht hoch mit Schutt erfüllt und die Öffnung, welche unmittelbar zu einem Seitenthale der Alf führt, so weit, dass ein Mann bequem hineintreten kann. Und doch hat sich hier kein Thal gebildet, sondern der Boden ist meist trocken und nur nach starken Regengüssen sucht sich das Wasser, welches die Kluft selbst erhielt (nicht solches, welches aus der Umgebung sich in ihr vereinigt, wie es für ein Thal erforderlich wäre) einen Ausweg zum Bache, hin. Vielleicht rührt das allerdings nur von einem jugendlichen Alter der Kluft her.

Der Zerklüftung des Buntsandsteines ist es zuzuschreiben, dass sich in ihm eine ähnliche Ausbildung von vorspringenden Klippen und Felsen findet, wie im Unterdevon; freilich ist sie hier nicht so häufig, wie in diesem. In die Augen springende Beispiele finden sich an dem Eisenbahndurchstiche oberhalb des Bahnhofes Hillesheim an der Kyll, bei Kyllburg und bei Philippsheim an demselben Flüsschen.

Es erübrigt, einen Blick auf die Ausbildung der Thäler im Muschelkalke zu werfen. Dieselben kommen wenig in Betracht, bieten aber manches bemerkenswerte. An der Grenze zwischen Buntsandstein und Muschelkalk steht in der Eifel ein schiefriger Thonmergel, welcher auf einigen Sectionen der geologischen Karte als Röth besonders ausgezeichnet ist. Auf diesen folgt ein harter, in schönen Platten abgesonderter Kalk, welche so leicht zu gewinnen sind, dass man sie bei Hüttenheim zur Einzäunung der Felder benutzt. Derselbe ist häufig von sandigen und mergligen Schichten unterbrochen; überall sind in ihnen Gerölle eines weissen Quarzes vertreten. Bisweilen werden sie grösser und häufen sich zu einer besonderen Konglomeratschicht an. Eine solche kann man am Anstiege von Erdorf nach Metterich beobachten; es sind dort Quarzknollen von Grösse und Gestalt einer Kartoffel der wesentlichste Gemengteil. Die eigenartige Beschaffenheit des Muschelkalkes in der südlichen Eifel ist bisher nicht genauer beschrieben worden*). E. Weiss**) hat in einem Vortrage über „die Entwicklung des Muschelkalkes an der Saar, Mosel und im Luxemburgischen" drei verschiedene Ausbildungstypen unterschieden. Von diesen erinnert derjenige im luxemburgischen Gebiete am meisten an das mir bekannte Gestein, wie es nach dem von Weiss gefundenen Ergebnisse zu erwarten war.

Nach oben hin folgen auf den Muschelkalk bunte Mergel, welche man zum Keuper gestellt hat. Welchen Einfluss sie auf die Thalbildung ausgeübt haben, konnte ich nicht mehr erkennen. Die Thäler in diesem Gebiete werden durch eine Stufenbildung ausgezeichnet. Auf den flach lagernden Kalkbänken schleicht das spärliche Wasser hin, bis es plötzlich in steilem Absturze zur nächsten Stufe fällt; der Rand des Thales wird von senkrechten Wänden gebildet. Von grösseren Gewässern fliesst nur die Kyll durch das Gebiet des Muschelkalkes. Sie zeichnet sich auf dieser Strecke durch Gradlinigkeit ihres Laufes aus. Bei Hüttingen scheint sie einer Verwerfung zu folgen; denn auf beiden Seiten stehen ganz verschiedene Gesteine in gleicher Höhe an, nämlich links Plattenkalke, rechts vom Flüsschen Mergelschiefer. Es ist das nicht auffallend, wenn man sich von Grebe hat belehren lassen, wie häufig Verwerfungen in dieser Gegend überhaupt sind.

Auf dem Wege von Erdorf nach Metterich muss man einen kleinen Zufluss der Kyll überschreiten. Man sieht als Thalboden eine ebene Fläche, auf welcher grasbewachsene Linien eine schöne alte Pflasterung anzudeuten scheinen. Das Bild eines solchen Wasserbettes ist so auffallend, dass man geneigt ist, eher eine künstliche Regulirung, als eine natürliche Ausbildung anzunehmen.

---

*) In der mir erst nach Vollendung der Arbeit bekannt gewordenen Schrift Grebe's „Über das Oberrothliegende, die Trias etc. in der Trierer Gegend" S. 466—68 ist der Muschelkalk der angrenzenden Gebiete eingehend gegliedert worden.
**) Verhandlungen der Deutschen geolog. Gesellschaft 1869. Sitzungsbericht S. 857.

Aber eine genauere Untersuchung zeigt, dass in der That nichts anderes, als eine Schichtfläche des Muschelkalkes vorliegt, auf welcher sich die Linien zweier Kluftrichtungen, die einander unter ungefähr $70°$ schneiden, schön abheben. Die Bildung der kleinen Seitenthälchen fällt ziemlich allein dem Hochwasser zu; denn bei gewöhnlichem Wasserstande sind die Bäche kaum in der Lage, die Platten, in welche sich der Kalk sondert, zu entfernen. Die natürliche Folge ist, dass die Ausbildung der Nebenthäler im Verhältnis zum Hauptthale noch stärker zurückbleibt, als es nur in Folge der verschiedenen Wassermengen zu erwarten war. Daher stürzt sich denn auch innerhalb des Dorfes Hüttingen in jähem freien Falle ein solcher Bach in das Kyllthal hinab.

Eine andere Eigentümlichkeit der Thäler im Gebiete des Muschelkalkes ist die Bildung von Terrassen; sie erscheinen immer dort, wo eine weichere Schicht auftritt, z. B. ziemlich regelmässig von der Grenze des Kalkes gegen den Buntsandstein. Deutlich lässt sich der Zusammenhang an dem Konglomerate über Erdorf verfolgen. Die Entstehung von Terrassen ist eine auch sonst häufige Erscheinung; es wäre überflüssig, hier näher darauf einzugehen.

Die Einwirkung späterer, insbesondere tertiärer Sedimentbildungen auf die Thäler wird sich erst dann erkennen lassen, wenn man sich darüber klar geworden sein wird, ob die einzelnen Vorkommnisse früher in Zusammenhang gestanden haben oder nicht. Grebe (a. a. O. S. 478) nimmt das erstere an und glaubt, dass erst später die Thalbildung die einzelnen Stellen getrennt habe. Vorläufig sind noch zu wenige tertiäre Ablagerungen, und zwar nur im Südwesten des Landes als solche erkannt worden.

Will man die bisher erhaltenen Resultate zusammenfassen, so lassen sie sich in folgende Sätze bringen:
1. Die Eifel ist ein abradiertes Land.
2. Ihre Abflusslinien entstanden gleichzeitig mit dem Hervortauchen aus dem Meere in der Weise, dass die vorhandenen sanften Schwellen des Bodens zu Wasserscheiden wurden.
3. Aus diesen ersten Abflusslinien bildeten sich Thäler, indem die Erosion von den tiefsten Teilen aus allmählich gegen die höheren hin fortschritt.
4. Wo das Gestein zerklüftet war, wurde jeder einzelne Wasserlauf in seinen Teilstrecken durch die Zerklüftung mehr oder weniger abgelenkt, ohne dass die Hauptrichtung dadurch eine wesentliche Änderung erfuhr.
5. Auch im nicht zerklüfteten Gebirge wird der Charakter der Thäler vom Gesteine beeinflusst.

6. Eine Ausnahme davon machen die obersten Thalstrecken, welche als flache muldenartige Einsenkungen erscheinen, teils weil die Tiefenerosion dorthin noch nicht fortgeschritten ist, teils weil andere Kräfte ihre Wirkung modificieren.

7. Eine Anordnung der Thäler entlang grosser Kluftsysteme, ähnlich wie sie Daubrée für Teile von Frankreich wahrscheinlich gemacht und Kjerulf für Norwegen nachzuweisen versucht hat, konnte ich in der Eifel nicht erkennen.

Die nun herantretende Aufgabe bildet die Untersuchung, welchen Einfluss spätere geologische Vorgänge auf die Thäler der Eifel ausgeübt haben. Es ist bekannt, dass diese in verhältnismässig sehr junger Zeit der Schauplatz einer sehr bedeutenden vulkanischen Thätigkeit gewesen ist. An vielen Orten entstanden Schlackenkegel, an anderen Maare; die letzteren befinden sich teils in alten Kratern, teils in Einsenkungen des Plateaus, welche am wahrscheinlichsten als Einbrüche erklärt worden sind. Ströme heissen, flüssigen Gesteins flossen zu den vorhandenen Vertiefungen, den Thälern, hin. In diesen angelangt, sperrten sie, den Abfluss hemmend, das Wasser quer ab. Grössere Ströme teilten sich sogar, nachdem sie an dem entgegenstehenden Abhange Widerstand gefunden hatten, in zwei Teile, deren einer dem Bache abwärts folgte, während der andere, kleinere sich ihm soweit entgegen bewegte, wie es der Druck, welcher den Strom vorwärts schob, gestattete. Diesen Fall hat z. B von Dechen für die Lava des Bertricher Thales nachgewiesen. Solche Vorgänge konnten nicht ohne Folgen für die Thäler selbst bleiben; einmal wurde das Wasser genötigt, sich einen neuen Weg zu suchen; sodann wurde die Tieferlegung des Thalstückes oberhalb der Störung gehemmt.

Die Stauung des Baches konnte durch einen Lavenstrom oder durch Aufschüttung von Tuff verursacht werden. Nur dort, wo das stauende Mittel mächtiger war, als die Tiefe des Thales, trat der Fall ein, dass ein Bach den unteren Teil seines Bettes gänzlich verliess. Wo die Thalwände höher waren als der Riegel, hatte das Wasser nur für die Strecke, wo er das Thal sperrt, ein neues auszuhöhlen und fiel dann wieder in das vorhandene zurück. Zwischen Bolsdorf und Lamersdorf münden zwei kleine Thälchen zur Kyll hin. Beide sind gleich gross und in weichen Buntsandstein eingeschnitten, zeigen aber sehr ungleiche Wassermengen, da der nördlichere Zweig fast trocken ist, wärend der andere ziemlich viel Wasser enthält. Folgt man dem ersteren aufwärts, so findet man mitten auf seiner Sohle einen kleinen Tuffkegel, welcher die Oberfläche des Landes nur wenig überragt. Hinter ihm setzt das Thal gradlinig nach oben fort, so dass man die Überzeugung gewinnt, das ganze Thal habe früher in Zusammenhang gestanden. Heute wendet sich das Wasser, wo es an den Tuffkegel herantritt, nach Süden, um später in demselben Bette nach Westen zu fliessen, von welchem angeführt wurde, dass es stets Wasser führte. In dem beschriebenen Falle hat die Verschüttung einer Thalstrecke die Verlegung des Baches so weit zur Folge gehabt, dass der untere Teil des Bettes trocken blieb. Viel häufiger kann beobachtet werden, dass eine Tuffmasse von fliessendem Wasser durchschnitten wird. Es entsteht dann die Frage, ob der Bach überhaupt aufgestaut worden ist und sich nachher im mittleren Teile das vorhandene Bett gegraben hat, oder ob er, während der Tuff ausgeworfen wurde, im Stande war, sein Bett offen zu halten, indem er das hineingeworfene vulkanische Material sofort entfernte. Bei der Geringfügigkeit der betroffenen Bäche ist anzunehmen, dass gewöhnlich der erste Fall eingetreten ist. Allerdings kommt auch der andere vor. An einem Vorsprunge an der Chaussee von Lutzerath nach Wittlich ist eine Tuffmasse erhalten, welche wahrscheinlich bei der Bildung der Maare von Immerath dahin geworfen wurde. Wenigstens weisen die Schichten auf diesen nahen Eruptionspunkt hin; eine Absperrung der Üss ist hier sicher nicht eingetreten.

Wenn ein Bach aufgestaut wurde, muss sich hinter der Störung ein Seebecken gebildet haben. Wahrscheinlich wurden die ziemlich allgemein sehr losen Tuffmassen in Folge des Überfliessens der gefüllten Becken wieder fortgespült und so der continuirliche Verlauf wieder hergestellt. Selten hat wol die Absperrung so lange gedauert, dass es zu Niederschlägen von Sedimenten kam; wenn es geschah, waren sie geringfügig genug, um später leicht entfernt zu werden. Wo der heutige Lauf des Baches bei solchen Vorgängen nicht aus der früheren Richtung abgelenkt worden ist, wie es die Regel zu sein scheint, darf man wohl annehmen, dass die niedrigsten Stellen in dem Tuffwalle dort gelegen haben, wo seine Unterlage am tiefsten war, d. h. in dem alten Thale. In diesem Falle konnte eine Verlegung des Baches nur innerhalb des Tuffwalles stattfinden.

Geschah die Absperrung des Baches durch einen Lavenstrom, so bildet sich auch hinter ihm ein Becken. Wenn der Strom sich an der entgegengesetzten Thalwand gestaut hatte, war der natürlichste, dem Wasser vorgezeichnete Weg derjenige an der Grenze des Lavenstromes gegen das Schichtgestein. In den meisten Fällen wurde dieser Weg gewählt; z. B. fliesst die Kyll bei Gerolstein an der Grenze des Kalkes, zwischen Bewingen und Dom an der Grenze des Buntsandsteines gegen Lava, der Üsbach bei der Wollmerather Mühle an der Grenze des Schiefers gegen jene. Wenn nun auch dieses Verhalten als die Regel gelten darf, fehlt es doch auch nicht an Beispielen, dass Lavenströme durchbrochen wurden. Dass Dauner Schloss steht auf dem abgeschnittenen Ende eines solchen, welchen die Lieser durchbrochen hat; an der Einmündung des Horngrabens in das Thal der kleinen Kyll hat diese einen etwa 80 Fuss hohen Strom durchschnitten; besonders schöne Beispiele bietet ferner das Alfthal zwischen den Mühlen von Strohn und Sprink und das Thal des Hundsbaches unterhalb Lissingen. In anderen Fällen ist es unbestimmt, ob die Lava über den Bach hin sich continuirlich erstreckte, oder ob verschiedene Ströme sich an jenem begegnen; so bei Hohenfels, Berlingen und unterhalb Dom. In allen diesen Fällen hat eine Verlegung des Baches in Folge des Einströmens von Lava nicht nachweislich stattgefunden; in den vorher aufgeführten ist das Bett des Gewässers gegen eine Thalseite hin verschoben worden.

Wenn ein Lavenstrom in dem abgesperrten Thale nicht stehen geblieben, sondern eine grössere Strecke ihm abwärts gefolgt ist, zeigt die Erfahrung, dass der Bach, wenn sein Thal schon einige Tiefe besass, nicht an dem einen Rande desselben sein Bett eingegraben, sondern in Windungen sich bald an diese bald an jene Seite geworfen hat. Der Üssbach zeigt zwischen Kenfuss und Bertrich, die Alf zwischen Sprink und der Mühle von Niederscheidtweiler dieses Verhalten, es erklärt sich aus dem geringen Gefälle, welches das Wasser bis zu dem Ende der Lavenmasse hin besitzt. Das letzte Beispiel zeigt die Erscheinung besonders deutlich, denn während die Schlacken, welche die obere Decke der Lavenmasse gebildet haben, in Folge der Serpentinen des Baches meist entfernt sind, sind doch 3 oder 4 einzelne kleinere Partien bei Schutzalf nach heute erhalten.

Wichtiger als die Verlegung des Bettes ist eine andere Folge, welche die plötzliche Absperrung eines Thales nach sich zog, nämlich die Ausweitung des oberhalb gelegenen Thalstückes. Überall, wo der Abfluss abgesperrt war, bildete sich natürlich ein Becken; während seines Bestehens, d. h. bis für Abfluss gesorgt war, arbeiteten seine Zuflüsse daran es auszufüllen, bis sein Boden die Höhe der Störung erreichte. Da nun jedes Thal im Querschnitt am oberen Rande weiter ist als unten, wird dasjenige, welches bis zu einer beträchtlicheren Höhe wieder aufgefüllt wird, weit erscheinen; das trifft in dem Alfthale von Strohn bis Mehren hinauf zu, wo es einen weiten, ebenen Thalboden von niedrigen Wänden eingezäunt zeigt, welche sich unter ziemlich scharfem

Winkel erheben. Die Höhenkurven der Mitscherlichschen Karte lassen dies deutlich erkennen.

Mit der Auffüllung geht eine eigentliche Ausweitung Hand in Hand. Es ist bekannt, dass Bäche und Flüsse vor ihrem Hinaustreten in eine Ebene häufig ihr Thal erweitern. Die Erscheinung erklärt sich aus der von dem Schuttkegel aus, und in Folge von dessen successiver Erhöhung allmälich rückschreitenden Abnahme des Gefälles, welche schon vor der Stelle des Austrittes die Kraft des Flusses bricht, und ihn oft nötigt, sein Bett zu verlassen und in Kurven seitlich ein neues zu graben. Dieselbe Erscheinung bemerkt man in den Querthälern, welche aus einem weicheren Gesteine in ein härteres eintreten, oberhalb des Überganges in dieses, wo sie z. B. aus Buntsandstein in Thon-Schiefer und Grauwacken eintreten; auch hier gilt sie als eine Folge der von dem Eintrittspunkt in das härtere Gestein rückschreitenden Abnahme des Gefälles. Wenn nun Tuff oder Lava einen Bach zwingt, an einer Stelle die Aushöhlung seines Bettes von neuem zu beginnen, so verliert er für den oberhalb liegenden Teil desselben sein Gefälle bis zu dem Punkte hinauf, welcher in gleicher Höhe mit der Oberfläche der störenden Masse liegt. Das Becken, welches sich zunächst bildete, wurde bei der engen Beschaffenheit der Eifelthäler rasch ausgefüllt, und nun begann das Wasser auf dem wenig geneigten Boden Windungen zu bilden und die Thalwände anzunagen. Dadurch entstand eine Ausweitung des Thales. Während der Bach sich tiefer einschnitt, wurde das Niveau des Gebietes, indem er mit schwachem Gefäll sich schlängelte, ebenfalls tiefer gelegt und so allmälig das Sediment wieder entfernt, so dass nur die Ausweitung als Zeuge des Vorganges erhalten ist. Wo der hemmende Tuff oder die Lava mächtiger oder widerstandsfähiger gewesen ist, nahm die für die Erweiterung gegebene Zeit zu und mit ihr das Maass derselben. Wo ein Lavenstrom, dessen Gestein widerstandsfähiger ist, einem Thale abwärts gefolgt ist und gleichsam die oberste Schicht am Thalboden bildet, geht das Rückwärtseinschneiden des Wassers langsam vor sich, und der Bach gewinnt Zeit und Kraft; eine Erweiterung des Thales kann auch hier die Folge sein.

Beispiele sind in der Eifel häufig zu finden. Nachdem das Lieserthal unterhalb Gemünd und der Tuffmassen an den Maaren seine weite Beschaffenheit verloren hat, bleibt es weiter abwärts so eng, dass bis Niedermanderscheid kein einziger Ort im Thale liegt; nur oberhalb des grossen Lavenstromes bei Üdersdorf ist das Thal weiter und hat die Anlage des Dorfes Weihersbach gestattet. Bei Bertrich ist die Lierwiese eine solche Erweiterung, der Elbersbach zeigt sie oberhalb der Käsegrotte, das Kyllthal bei Gerolstein und oberhalb Dom bis Oberbettingen hin. Dem Lavenstrome, welcher vom Rodderkopfe hinabkam, dankt Birgel seine weite Thalfläche u. s. f. Das Becken von Mayen konnte sich nach dieser Ansicht bilden, weil Lavenströme den Nettebach mehrfach absperrten. An den oberen Teilen kleinerer Bäche finden sich in der Eifel sogenannte Kesslthäler. Auch sie scheinen mir ihre Entstehung der Absperrung des Wassers durch vulkanische Vorgänge zu verdanken. Bei Hinterweiler, Kirchweiler, Essingen u. s. w. kann man solche beobachten; die Seitenthäler der Alf an der aufgefüllten Strecke oberhalb Strohn sind zu ähnlichen Gestalten ausgeweitet worden; noch reiner zeigt die Form der Weiher von Ülmen. Allen Kesselthälern ist, wie leicht erklärlich, ein sumpfiger Boden eigenthümlich. Die Form derselben ähnelt in vieler Beziehung derjenigen erloschener Tuffkrater und erregte früh das Interesse der Eifelgeologen. Im Gegensatze zu Nöggerath*) erkannte von Dechen, dass sie von anderer Entstehung seien als die Maare. Er schreibt in der bereits angeführten „vergleichenden Übersicht der vulkan. Ersch. u. s. f."**): „Ausser den Maaren kommen in der Eifel kesselförmige Thäler vor, die zwar mit vulkanischen Massen und Tuffablagerungen in Verbindung stehen, aber doch weder als Kratere noch als Maare betrachtet werden können."

Als Beispiel einer Thalerweiterung, welche in Folge des Entlangfliessens eines Lavenstromes entstanden ist, kann das Alfthal zwischen Sprink und der Mühle von Niederscheidweiler angeführt werden.

Es sind nun noch zwei Fälle zu erwähnen, wo die Thatsachen den besprochenen Regeln nicht entsprechen. Dies ist zunächst der Fall am Horngraben in der Nähe von Manderscheid. Vom Mosenberge fliesst ein mächtiger, in prächtigen Säulen abgesonderter Basaltstrom hinab bis in das Thal der kleinen Kyll. Dieser Bach wurde abgesperrt und suchte sich sein neues Bett nicht an der Grenze des Lavenstroms, sondern er durchbrach ihn. Obgleich dieser nun eine beträchtliche Mächtigkeit und eine bedeutende Widerstandsfähigkeit besitzt, hat dennoch das Thal oberhalb keine Erweiterung erfahren. Es hängt das vielleicht mit der gut ausgebildeten Säulenstruktur des Basaltes zusammen, indem sich bei der Absonderung des Gesteines dem Wasser ein leichter Weg geöffnet hat. Nicht einmal eine Vermutung lässt sich für

---

*) Nöggerath's Archiv II. 1823: Das Gebirge in Rheinland-Westphalen. Bem. zu einem Briefe Stengels.
**) Zeitschr. d. Deutschen geolog. Gesellsch. 1845. S. 112.

die Erklärung der anderen auffallenden Erscheinung beibringen, nämlich des Fehlens einer Erweiterung des Thales zwischen Bertrich und Kenfuss, wo der Üssbach einen grösseren Lavenstrom zu durchsägen hatte. Wenn man die Eifel im Hinblick auf das Alter des heutigen Entwässerungssystemes betrachtet, so kann man sich, bei der geringen Auflösung des Plateaus durch die Gewässer des Eindruckes, dass dasselbe noch sehr jung sei, nicht erwehren. Unter den Vorgängen, deren Alter man ungefähr kennt, und deren Verhältnis zur Thalbildung man betrachten kann, stehen die vulkanischen in erster Reihe. Es ist bereits bemerkt worden, dass die meisten Lavenströme in heutige Thäler hinabgeflossen, also jünger sind als diese. Da sie mit den übrigen vulkanischen Bildungen in untrennbarem Zusammenhange stehen, kann die allgemeinere Annahme gemacht werden, dass die meisten vulkanischen Erscheinungen der Eifel jünger seien, als die Thäler*).

Wenn dies aber auch im allgemeinen zutrifft, so giebt es doch zwei Punkte, wo es scheint, als seien jene älter als diese. Zwischen Kopp und Birresborn, Orten, welche durch das Thal des Fischbaches verbunden werden, hat auf der Höhe rechts vom Bache ein vulkanischer Ausbruch stattgefunden; man nimmt an, dass die Lava, welche auf der ganzen Strecke den Rand des Thales bildet, sich in zwei Ströme gliedere, deren einer auf Kopp zu, deren anderer nach Birresborn geflossen sei. Mitscherlich**) hat daraus geschlossen, dass das Thal noch nicht vorhanden gewesen sei, sondern zwei, jetzt nicht mehr zu konstatirende Thäler sich in die Strecke geteilt hätten. In der That muss angenommen werden, dass das heutige Thal noch nicht existirte, da sich die Lava sonst in dasselbe hinein ergossen hätte. Dennoch war hier ein zur Kyll geöffnetes Thal vorhanden, welchem auch der Seifenbach zufloss, dessen Abfluss die Lava bei Kopp versperrte. Aber das alte Thal, welches noch nicht tiefer eingegraben war, als die anstehende Lava hinabreicht, wurde von dieser ausgefüllt. Ihm folgte ihr Strom und machte es für seine Bestimmung untauglich. Das Wasser grub sich seit jener Zeit einen neuen Weg neben dem früheren; gleichzeitig entstand oberhalb die Erweiterung am

---

*) Es bleibt dabei natürlich gleichgiltig, wie weit die letzteren bereits ausgehöhlt waren. Von Dechen hat die hier obwaltenden Unterschiede scharfsinnig dazu benutzt, das Alter der einzelnen vulkanischen Punkte im Verhältnisse zu einander zu bestimmen. In der That kann bis zu einer gewissen Grenze die Thalbildung hierüber Auskunft erteilen, wenn auch verschiedene Widerstandsfähigkeit der Laven, verschiedene Mächtigkeit des Stromes, verschiedene Wassermenge und andere Umstände das Ergebnis kein völlig sicheres werden lassen.

**) a. a. O. S. 42.

Seifenbache und zur Seite das schöne Kesselthal der Eigelbach. Es ist interessant zu sehen, wie das Thal, welches von diesem Kesselthale zum Fischbache führt, in der oberen Hälfte weit ist; sobald es aber die Tiefe der Lavenmasse erlangt hat, eng wird, so dass an seiner rechten Seite eine Art Terrasse erhalten ist. Daher, dass das heutige Thal des Fischbaches dicht neben dem älteren ausgehöhlt worden ist, rührt der Anschein, dass die Lava an seinem Rande entlang geflossen sei, ohne sich hinabzustürzen. Allein die Thatsache, dass die Auflagerungsfläche der Lava an der rechten Thalwand tiefer liegt als die Höhe des Plateaus, giebt den Beweis, dass ein älteres Thal vorhanden war, ehe die vulkanische Thätigkeit in Wirksamkeit trat. Der Lavenstrom folgte ihm abwärts zur Kyll hin, ein anderer sah diesen Weg versperrt und floss der Thalrichtung entgegen. Das ist nur dann möglich, wenn der Ausgangspunkt des Stromes höher lag, als sein Endpunkt. Beobachtungen geben darüber keine Auskunft.

Die zweite Stelle, welche zum Beweise für ein spätes Alter von Eifelthälern angeführt worden ist, liegt der ersten nahe. Von dem Kahlemberge bei Birresborn sind zwei Eruptionen in verschiedener Höhe am Abhange ausgegangen, deren zweite in der halben Höhe desselben ihren Ausgangspunkt hat und einen Lavenstrom in das Kyllthal hinabgesandt hat. Verwickelter sind die Erscheinungen am ersten Strome. Der Rand der Hochfläche gegen das Kyllthal wird an seiner rechten Seite auf der ganzen Strecke von Birresborn bis hinauf in die Nähe von Lissingen von einem Basaltstrome gebildet, dessen untere Grenze nirgends zu beobachten ist, sondern stets unter Trümmermassen begraben liegt, aber jedenfalls die Höhe des Plateaus nicht besitzt. Derselbe Basalt ist auch in das Seitenthal des Hundsbaches hineingedrungen und hat es auf eine grössere Strecke hin erfüllt. Die Hochfläche zwischen den Lavenmassen ist mit Tuff bedeckt und lässt kein anstehendes festes Gestein erkennen. Eine kleine Erhöhung darauf wird von Schlacken gebildet und liegt dem westlichen und dem südlichen Rande des Plateaustückes nahe; von ihr aus zieht zu dem letzteren gleichfalls Basalt hin.

Von Dechen[*] und Mitscherlich[**] geben in den Erläuterungen zu ihren Karten die Darstellung so, als bilde die gesamte Lavenmasse einen einzigen Strom, welcher, von dem höheren Punkte ausgehend, seinen Weg zunächst nach Süden genommen habe und in das Kyllthal, soweit es damals vorhanden war, hinabgeflossen sei. Dort angekommen sei der ganze Strom nach Osten,

---
[*] v. Dechen: Führer in die Vulkanreihe der Vordereifel. S. 123—134.
[**] Mitscherlich: Die vulkanischen Erscheinungen in der Eifel. S. 41.

der heutigen Flussrichtung entgegen, und endlich nach Norden geflossen. Von der Mündung her sei er ferner in das Thal des Hundsbaches eingedrungen und schliesslich in der Gegend von Lissingen stehen geblieben. Bei der Erklärung dieses Verhaltens macht von Dechen die Annahme, das Thal des Hundsbaches sei noch nicht vorhanden gewesen. Indessen scheint es mir nach meinen Beobachtungen zweifellos, dass die Lavenmasse sowohl horizontal als vertikal soweit in das Thälchen eingreift, dass man sich wird entschliessen müssen, anzunehmen, es habe bereits vor der Zeit der Eruption bestanden. Mitscherlich giebt zwar zu, dass der Krater am Kahlemberge und der Austrittspunkt der Lava nicht deutlich sind, zieht aber doch weitgehende Folgerungen aus seiner Hypothese. Er sagt: „Vom Kahlemberge geht ein Lavenstrom aus, der sich auf der Höhenlinie des Berges hält und stromaufwärts an der Kyll bis in die Nähe von Lissingen zu verfolgen ist; Beweis genug, dass der Höhenabfall damals nach Nord gerichtet war, sonst hätte die Lava das tiefste Niveau dort aufgesucht."

Will man der Annahme Mitscherlichs folgen, so sieht man sich vor Aufgaben gestellt, deren Lösung kaum zu finden sein dürfte. Man müsste zunächst nachweisen, wohin der Abfluss der Kyll zu jener Zeit stattfand, sodann aber auch, durch welche Vorgänge ihr Thal gewissermaassen umgestülpt wurde.

Nun ist es aber in der Natur gar nicht zu erkennen, ob die ganze Lavenmasse gerade an der durch die Schlackenmasse bezeichneten Höhe ausgetreten und in der angegebenen Weise verlaufen sei. Nimmt man aber auch diese Höhe als Ausgangspunkt an, so ist es immer noch möglich, dass sich ein Strom in das Thal des Hundsbaches ergossen habe, wo auch der Basalt am massigsten auftritt. An der entgegenstehenden Thalseite gestaut, teilte sich die Masse, wie es bei jedem grösseren Strome zu erwarten ist, so dass ein kleiner Teil aufwärts drang, der grössere abwärts der Kyll zufloss. In ihrem Thale wiederholte sich der Teilungsvorgang, indem ein schwächerer Zweig bis in die Nähe von Lissingen emporgepresst wurde, der Rest wieder dem Flusse abwärts folgte. Damit stimmt die bedeutende Abnahme der Lavenmasse oberhalb der Einmündung des Hundsbaches im Verhältnisse zu derjenigen weiter unten an der Kyll überein. Die Basaltergiessung, welche sich von der Schlackenspitze aus zu dem Kyllthale nach Süden erstreckt, wäre dann als gesonderter Strom anzusehen, dessen Vereinigung mit dem grösseren zufällig sich vollzog.

Diese Annahme steht mit den Beobachtungen ebenso wenig im Widerspruche, wie diejenige von Dechen's und Mitscherlich's;

aber ihrer Erklärung scheinen geringere Bedenken entgegen zu stehen.

Ein Beweis dafür, dass bereits zu jener Zeit ein Abfluss nach Süden, im Sinne des heutigen Kyllthales bestanden hat, kann in dem Vorhandensein einer Ausweitung des Thales am nördlichen Ende des Lavenstromes erblickt werden; denn diese bildete sich, während das Wasser an dem östlichen Rande des Basaltstromes sich ein neues Thal ausgrub. Wegen der bedeutenden Höhe der Lavenmasse über dem Spiegel der Kyll, welche eine gleiche Höhe der Erweiterung bedingt, vermischt sich ihr Bild in der Natur etwas; denn die damalige Thalfläche ist heute in Rücken oder kleinere Flächen zergliedert. Auf der Mitscherlichschen Höhenkarte tritt sie deutlich hervor.

Es ist nach alledem klar, dass auch die Laven von Kopp und am Kahlemberge nur bestätigen, dass das Entwässerungssystem der Eifel älter ist, als die vulkanischen Eruptionen, wenn auch zugegeben werden kann, dass diese Punkte zu den ältesten Herden vulkanischer Thätigkeit in der Eifel gezählt werden können.

Es ist nun seiner Zeit erkannt worden, dass die Eruptionen bis in die ältere Miocänzeit zurückreichen, da bei Schutz und bei Daun Blätter von *Alvus gracilis* und einer dieser Altersstufe angehörigen Form von *Sequoja* in vulkanischen Tuffen gefunden worden sind. Über das Altersverhältnis gerade dieser Tuffe zur Thalbildung lässt sich nichts Sicheres ermitteln. Weiss[*] nimmt zwar an, dass der Buerberg bei Schutz älter sei als das Thal der kleinen Kyll an seinem Fusse, indessen führt er keinen Beleg dafür an. Es lässt sich dagegen anführen, dass sich Tuffmaterial an den Gehängen des Thales in einer Höhe, welche diejenige des Plateaus in dieser Gegend nicht erreicht, finden lässt. Wenn seine Lagerstätte eine primäre ist, wäre das Vorhandensein des Thalanfanges zur Zeit seiner Eruption erwiesen.

Die bisherigen Erörterungen haben gezeigt, dass die Annahme, die Thäler seien der Anlage nach älter, als die vulkanische Thätigkeit, welche bis in die ältere Miocänzeit zurückreicht, begründet erscheinen kann. Bei der Erwägung der Frage, um wie viel sie älter seien, wird man die geringe Entwicklung der einzelnen Rinnen zu jener Zeit berücksichtigen müssen. Ein sicherer Anhalt wäre gegeben, wenn es gelänge, die Zeit, in welcher die Eifel das letzte Mal einer Abrasion unterlag, welche ja sicher der Entstehung der Thäler vorhergegangen sein müsste, genau festzu-

---

[*] Correspondenzblatt des naturh. Ver. f. Rheinland-Westphalen. 1862. S. 64—66.

stellen. Aber aus den Beobachtungen in der Eifel selbst ist nicht
zu erkennen, ob eine nachtriassische Abhoblung des Landes überhaupt stattgefunden habe, oder nicht, geschweige denn, dass man
über ihr geologisches Alter Auskunft erhielte. Es ist bereits angeführt worden, dass von Richthofen eine spätere, nach der Ablagerung des Buntsandsteins geschehene Abrasion des gesamten
rheinischen Schiefergebirges angenommen hat; eine Entscheidung
darüber kann man in jedem einzelnen Teile dann treffen, wenn
die Verteilung der anstehenden älteren Gesteine genau erkannt
ist, oder das Vorkommen von Geröllen und Konglomeraten, welche
als Abrasionsprodukte gedeutet werden müssen, einen Anhalt giebt.
In der Eifel deutet die Verteilung des Buntsandsteines auf eine
spätere Ausebnung des Landes hin, während transgredirende Sedi-
mente fehlen, wenn man nicht mit Grebe die Existenz einer allgemeinen Tertiärdecke vor der Bildung der Thäler annehmen und
diese als Abrasionsprodukt auffassen will.

Der Buntsandstein und der Muschelkalk sind in unserm Gebiete nicht mehr gefaltet, sondern besitzen eine im ganzen ebene
Ablagerung, welche allerdings häufig durch kleinere Verwerfungen
gestört ist*). Daher ist es auffallend, dass der erstere, welcher
im allgemeinen eine Decke an der Oberfläche des Plateaus bildet
und erst im Südwesten tiefer hinabgreift, heute eine so viel geringere Verbreitung besitzt wie früher. Zunächst sind als Beweis
hierfür die abgerissenen Flecke zu nennen, welche bei Büscheich,
an der Kasselburg und zwischen Salm und Densborn auf der Hochfläche zerstreut sind; sodann aber auch das Vorkommen kleinerer
Trümmer des Gesteines in einer ziemlich breiten Zone, welche
seinen Rand umgiebt. Können diese Erscheinungen noch als
Wirkungen der Zerstörung des Gesteines durch fliessendes Wasser
gelten, so ist das nicht mehr der Fall, wo der Buntsandstein in
getrennten Inseln tief in das Plateau hinabgreift, wie bei Bettingen;
es müssten denn schon vor seiner Ablagerung an diesen Stellen
sehr tiefe Becken vorhanden gewesen sein. Das letztere könnte
an der Grenze des Gesteines erkannt werden; und die Beobachtung, welche an dem Wege von Dom zur Kasselburg an der rechten
Seite zur Kyll gemacht wurde, lehrt, dass dort der Buntsandstein
mit dem Devon in gleicher Tiefe wiederholt abwechselt, ohne dass
irgendwo die Berührung beider Gesteine blosgelegt ist. Spricht
schon dies für Verwerfung, so kommt hinzu, dass das Gestein
überall von zahlreichen Klüften durchsetzt ist, welche häufig kleinere
Verwerfungen erkennen lassen. Endlich teilt mir E. Schulz mit,
dass in den nahen Kalken von Hillesheim sich Verwerfungen

---

*) Grebe: a. a. O. S. 471—476.

paläontologisch nachweisen lassen, deren Sprunghöhe er, auf
E. Kaysers Angaben über die Mächtigkeit der einzelnen Stufen
fussend, in einem Falle auf etwa 1000 Fuss schätzt. Nimmt
man aber an, dass die Triasinsel bei Bettingen ihre heutige Lage
nur einer oder mehreren Abrutschungen zu verdanken habe, so
kann man sich nicht verhehlen, dass diese in ihrem Gesamtbetrage
eine bedeutende Sprunghöhe besessen haben müssen. Hat doch
die Kyll, aus devonischem Kalke in den Buntsandstein dieser
Gegend eingetreten, noch nicht vermocht, ihn ganz zu durchsägen,
während nach einer kurzen Strecke mehrere hundert Fuss hohe
Thalwände sie von diesem Gesteine trennen. Es entsteht dann
die Frage, welche Kraft die Massen desselben von der Höhe entfernt habe, so dass ihre ganze Mächtigkeit sich nur noch an den
durch Verwerfungen gesunkenen Teilen zeige. Zu ihrer Beantwortung würde man eine posttriassische Abrasion annehmen
müssen.

Es fällt dagegen nur das Bedenken ins Gewicht, dass nirgends
Trümmermassen von einiger Bedeutung als Produkte der Arbeit,
welche das Meer ausgeführt haben soll, gefunden werden. Allerdings kommen in der Eifel Geröllablagerungen vor, deren Bestand-
teile sowohl dem Devon, wie dem Buntsandsteine entstammen.
Sie finden sich auf der Hochfläche, bei Landscheid und Manderscheid. In der Nähe beider Orte überragt Buntsandstein, von dem
Thalrande eine Strecke weit zurückgewichen, das Plateau. Diese
Ablagerungen sind zum teil mit den von Grebe*) genauer beschriebenen tertiären Bildungen zu identificieren, zum teil kann
man sie aber auch als Ablagerungen der heutigen Gewässer auf
einer weiten Thalfläche betrachten, welche sie vor ihrem Einschneiden in den Schiefer ausgeweitet hatten. Ganz analog bildet
das Salmthal heute oberhalb Musweiler und unterhalb der schönen
Klosterruine von Himmerot eine weite, sumpfige Ebene, die mit
Geröllen von derselben Beschaffenheit bedeckt ist, wie die Hochfläche bei Landscheid. Wenn das Rückschreiten des Baches sich
noch weiter vollzogen haben wird, kann auch diese Thalebene als
Oberfläche des Plateaus erscheinen, und erst in einiger Entfernung
werden die Rücken des Buntsandsteines sich erheben.

Der Mangel an sicheren Nachrichten über die zweite Abrasion
der Eifel lässt es erklärlich erscheinen, dass sie für die Alters-
bestimmung der Thäler keinen Anhalt giebt. Man bleibt allein
auf die Thatsache hingewiesen, dass diese zur Zeit, als die
vulkanischen Eruptionen begannen, noch geringe Entwicklung
zeigten. Weitere Aufklärung wird erst ein genaues Studium über

---

*) A. a. O. S. 477 ff.

das Vorkommen von tertiären Bildungen in einem grösseren Teile der Eifel liefern. Es wäre eine Ergänzung der vorliegenden Arbeit, wenn der Behandlung der allgemeineren Erscheinungen eine Betrachtung der einzelnen Thäler beigegeben würde. Es hätte sogar einen gewissen Reiz, in derartige topographische Erörterungen einzugehen; denn es würde sich noch manche interessante Erscheinung auffinden lassen. Die Eifel ist auch seit der Römerzeit ein Schauplatz der Geschichte gewesen; auch dieser Gesichtspunkt könnte manchen Erörterungen Interesse verleihen. Andrerseits würde aber diese Arbeit eine so eingehende Kenntnis aller einzelnen Punkte der Gegend erfordern, wie sie dem Verfasser nicht zu Gebote steht, und würde ferner ihn nötigen, vieles bisher Gesagte zu wiederholen. Es ist daher vorgezogen worden, von derselben abzustehen, was um so eher gestattet werden kann, als auf die meisten wichtigeren Erscheinungen schon in dem vorliegenden Teile eingegangen worden ist. Auch würden die Ergebnisse, zu welchen eine topographische Behandlung führen könnte, von denjenigen, welche bereits erzielt worden sind, kaum wesentlich abweichen, noch auch sie in allgemeineren Punkten ergänzen können. Sie würde vielmehr ebenfalls darauf hinauslaufen, dass die Thäler der Eifel mindestens seit der Tertiärzeit von fliessendem Wasser in ein abradirtes Land eingeschnitten worden sind, so dass ihr Verlauf und ihre Ausbildung an jeder Stelle den Bodenverhältnissen entspricht, und dass an einigen Stellen der Abfluss des Wassers von vulkanischen Produkten zeitweilig gestört wurde, sowie dass diese Störungen für den oberen Teil jedes Thales einen Ruhezustand herbeiführten, während dessen das Wasser sich nicht tiefer einschneiden konnte, aber um so wirksamer sein Bett erweiterte.

Druck von W. Pormetter in Berlin C., Neue Grünstrasse 30.

Vita.

Am 19. November 1859 wurde ich, Karl Schneider, als Sohn des jetzigen Geh. Ober-Regierungsrathes und vortragenden Rathes im Cultusministerium Dr. Karl Schneider und seiner Ehefrau Elfriede Schneider, geb. Mentzel, in Schroda im Reg.-Bezirke Posen, geboren. Meinen Schulunterricht habe ich auf den Seminarschulen in Bromberg und Bunzlau, dem Progymnasium in Bunzlau, dem Friedrichs- und dem Wilhelms-Gymnasium in Berlin erhalten. Ostern 1879 bezog ich die Universität Bonn, um Jura zu studiren. Dieses Studium vertauschte ich bald mit demjenigen der Geographie und der Naturwissenschaften, welchem ich drei Semester in Berlin oblag. Ostern 1881 nach Bonn zurückgekehrt, fand ich in Herrn Professor Freiherrn von Richthofen einen wohlwollenden Leiter meiner Arbeiten, dessen persönlichem Umgange ich Vieles verdanke. Von Michaelis 1881—1882 hatte ich die Ehre, als Hilfsassistent am mineralogischen Institute unter Leitung des Herrn Professor von Lasaulx beschäftigt zu sein. Vorlesungen habe ich bei folgenden Herren Professoren gehört:

Ascherson, Beyrich, Dames, Fischer, Helmholtz, Hofmann, Kayser, von Lasaulx, Lossen, Müller, Erw. Nasse, Rammelsberg, Freiherr von Richthofen, Schlüter, Schwendener, Sell, von Stintzing, Tiemann, Troschel, Vogler, Wallach, Wangerin, Weiss, Zeller und bei Herrn Privatdocenten Dr. Lehmann. Seit Ostern 1881 war ich Mitglied des naturhistorischen Seminars, dessen mineralogische Abtheilung die Herren Professoren Geheimer Bergrath vom Rath und von Lasaulx leiteten. Allen diesen meinen verehrten Lehrern spreche ich an dieser Stelle meinen Dank aus. Für persönliche Anregung fühle ich mich den Herren Professoren Ascherson, Fischer, Kayser, vom Rath, Vogler und Wallach, sowie Herrn Privatdocenten Dr. Lehmann und Sr. Excellenz Herrn Oberberghauptmann a. D. von Dechen, namentlich aber den Herren Professoren von Lasaulx und Freiherr von Richthofen zu besonderem Danke verpflichtet.

Thesen.

1. Das Petroleum in Hannover rührt wahrscheinlich aus der Wealdenformation.
2. Strandterrassen sind kein absoluter Beweis für die Hebung eines Landes.
3. Zur Erklärung der Aufeinanderfolge der eruptiven Gesteine des Tertiärs reicht die Theorie Dutton's nicht aus.
4. Tietze's Erklärung der Durchbruchsthäler ist für einige davon anwendbar.
5. Das Gletschereis ist im Stande Becken auszuhöhlen.
6. Das todte Meer hat mit dem rothen in keinem Zusammenhange gestanden.